清华大学社会科学学院信义社区营造研究中心·社区营造书系

朱蔚怡　侯新渠　编著

谈谈社区营造 上

Let's Talk About Community Revitalization I

社会科学文献出版社
SOCIAL SCIENCES ACADEMIC PRESS (CHINA)

编委会成员

书系学术委员会成员

（大陆） 谢维和　谢寿光　沈　原　罗家德

（台湾） 夏铸九　周俊吉　张维安　黄丽玲　王本壮

书系编辑委员会成员

（大陆） 谢寿光　王　绯　童根兴　罗家德　孙　瑜
　　　　 朱蔚怡

（台湾） 夏铸九　黄丽玲　张维安　林　臻

清华大学社会科学学院信义社区营造研究中心自 2011 年成立以来，以全方位介绍台湾社区营造实践与研究成果为起点，同时加强与国内相关研究机构合作，共同总结大陆社会治理创新方面的探索与思考，倾力组织编写"社区营造书系"，以期推广社区营造的理念，为大陆凝聚社区意识、培育社区自组织提供经验与理论指导。

"谈谈社区营造"（分上下两册，此书为上册）这个子系列，力求在有限的篇幅中深入地展现陪伴台湾社区营造一路成长的一批关键人物以及他们理解中的"社区营造"。不同的立场、不同的社会角色、不同的营造方式，在诸多差异中，他们有着怎样同质的关怀与追求？他们想对致力于社区营造的工作者们说些什么？人始终贯穿于事件中方才显示实践的魅力，因此，在与这些人对话的过程中，也将呈现出一个又一个精彩或遗憾的社区营造故事。我们希望用这些文字给读者带来一次次情感和认知上的共鸣——社区营造的根本在于个体汇集下的自组织力量对社会未来的参与和承担，社会可以给个体如此大的可能性用行动完成对"更加美好的生活"的期盼。

在本书付梓之际，感谢信义房屋企业集团对清华大学社会科学学院信义社区营造研究中心的良好信任与鼎力相助，提供了社区营造系列书籍的研究及出版经费；同时还要感谢社会科学文献出版社一直以来的大力支持。

编著者之一的侯新渠女士奔走于台湾几大城市间，完成了大部分的访谈采写；朱蔚怡同学用一年多的时间完成了对社区营造理论知识的内化和访谈稿的通解，查阅了大量资料并打磨出了简练易懂、温润人心的文字。

感谢中心的行政秘书柳喜花小姐在整理文字稿中的付出，也感谢最新加入书系编委会的林臻博士候选人梳理了精准的人物背景信息。更要感谢书中每一位接受我们写作团队采访的社区营造专家与实践者，正因为您们的行动，无数人平凡的生活才被社会理想之光照亮。

清华大学社会科学学院获得台湾信义房屋周俊吉董事长的支持成立了信义社区营造中心，同时，有意将台湾的社区营造经验整理出来供大陆参考，由社会科学文献出版社支持出版。社区营造的经验是台湾这些年来最值得讨论的空间与社会、专业与政治的课题，值得写几句话作为对两岸社会之间互动的寄语。

就一个发展中地区而言，台湾原本在欧美20世纪60年代社会运动的历史脉络下形成的社区设计（community design）中是没有实践的历史条件的，社区营造政策在台湾的建构有特定的政治时空。1990年代，因为政治强人过去之后国民党内高层的权力斗争，使得时任领导人需要获得草根社会的支持力量来取得政治上的正当性。当时的"文建会"副主委陈其南所主导推动的"社区总体营造"政策遂取得了政治的空间来面对政治民主化过程中所释放的台湾社会的力量，或者可以说政府被迫必须以政策来面对已经动员了的社会。这种由上而下的社区营造政策的执行过程对当时台湾发生的社区运动虽然存在社会力量被政府收编的效果和官僚机构执行的形式化后遗症；但是，台湾的草根社区也终究有机会参与到地方环境改善的决策过程中了。社区营造，其实就是社区培力与维权（community empowerment）。

对台湾的行政机构层面而言，社区营造是提供资源、收编社区动员、交换地方治理的正当性、建构新的政府与民间的关系的一种政策手段。这时，对台湾草根社区的考验，就在于它们与政府的关系是否会像一般的发展中国家和地区的社会动员那样，最终交付政治上的忠诚以交换选票或资源，而这样的过程经常就会继续复制父权文化的不平等关系。

所以，对台湾的社会而言，关键在于社区动员与社区培力的过程中，如何建构社区的主体性，知道社区自己的位置与角色，避免民粹政治下政党领袖的政治收编，也避免社区内部单方面竞争资源而造成的分裂。这是市民社会建构的必要过程，甚至，也让市民社会有可能进一步穿透政府的层级治理。于是，当这种层级治理的正当性不在，社会运动提供了社区参与的机会与折冲斡旋的政治空间，这就是参与式规划与设计的过程。政府与民间的关系，历史上第一次开始变得平等，也因此，公共空间的营造特别值得分析。

对与空间规划与设计的相关专业者而言，社区营造提供了一种社会学习的机会，使其能脱离现代学院的封闭围墙与现代设计专业上形式主义的陷阱。这些专业者与民间社会互动，得以回到历史的中心。社区营造过程中的社会建筑，有助于市民社会的形成。

台湾大学建筑与城乡研究所名誉教授

南京大学宜兴讲座教授

夏铸九

2013 年 5 月书于河南嵩山会善寺

什么是社区营造？我认为社区营造的定义是，一个社区的自组织过程，在这个过程中提升社区内的社群社会资本，达到社区自治理的目的。

现在我们常常喊社会管理创新，喊社会建设，但如何才能把社会建设落到实处？就是要让民间产生很多自组织小团体，自我治理，自己解决很多社会问题，又能在大集体中和谐共存，协商解决矛盾。其中社区是最重要的自治理小团体，我们的社区自组织研究旨在提供这样一种将社会建设落到实处的方法。

社群的本质是一个个以情感性关系和认同性关系为基础的知根知底的小团体。在这种小团体中，信息不对称问题较少，所以声誉机制的评价会变得可以信赖，从而发展出自治的规则以及监督机制。因此，小团体自组织出能自治理的社群，如商业协会、职业协会、NGO、网上网下的俱乐部、社区协会、合作社等，其中地理性社群就是社区。

其实，我们今天看到的许多社会问题在20世纪的各国各地区都有发生，工业时代的管理手段解决不了复杂的社会问题。英国、美国、日本等，凡是这些经历了现代化、全球化、城市化、资本主义化和市场化的国家和地区，都走过和中国大陆今天同样的社会转型之路，20世纪90年代的台湾也面临相似的问题。那么他们是怎么走出来的？

我认为台湾20世纪90年代有两个最重要的运动：一个是包括职业社群的自治理运动，如建立教授学术伦理、律师法治伦理、医生医德、媒体新闻伦理等一系列专业社群自我改良运动；另一个就是社区营造运动，在这个过程中基层百姓学习如何自治理、自组织以解决问题，通过民主协商实现多元包容、和谐相处。这个运动影响了台湾广大的民众，也对台湾政治和社会发展起到了非常关键的作用。

社区营造就是要政府诱导、民间自发、社会组织帮扶，使社区自组织、自治理、自发展，帮助解决社会福利、经济发展，社会和谐的问题。现代社区有大量的对养老、育幼、抚残、儿童教育、青少年辅导、终身学习的需求，政府能做的是"保底"，一碗水端平地保障每个人最基本的需求；社会组织专业机构能起到重要的作用，但杯水车薪不足以涵盖整个社会的需求。所以最好能够提供这些社会福利的正是社区自身，最关心孩子的是他们的父母，最关心老人的是他们的儿女，如何让这些人走出家门，结合起来，一起为社区提供这些福利"产品"，是社区营造的第一要务。

其次，乡村的社区营造更在很多地方发展出后现代的小农经济，注重文化多样性、社区生活重建、生态保育等几个方面，发展品牌农业、特色农业、观光农业、食材特供基地、休闲旅游、深度旅游、提供长住等。这帮助拉近了城乡间的差距，在部分地区解决了乡村空心化的问题，为新城镇化找到城乡平衡发展的道路。我们现在习惯把三农问题称为问题，但其实恰恰相反，三农不是问题，三农才是未来产业重大发展的宝库。

社区营造的另一个重点是它可以保存中华文化基因多样性。只有社区保留并新生了其特色文化，多元多样的中华文化才有实质的内容，而不仅是博物馆中的摆设。政府与商业主导的开发常常把社区连根拔起，连带拔起的是许多孕育几百年甚至千年的文化。如果我们把社区营造这个维度加进去，社会应用自有的管理与组织抵御商业对本地固有生活的侵蚀，中华文化基因多样性才能被保存，我们的文化创意产业才会有根底。

最后，也是最重要的，道德复兴不是喊喊口号或道德说教就能实现，只有在小团体的声誉机制及监督机制中，道德原则化成不同群体的非正式规范，在自治社群内的日常生活里、相互监督又相互惕厉下，现代生活的伦理才能落地。

一个和谐社会的建立需要解决众多的民生问题，拉近城乡的收入差距，保持和而不同的多样性，建设符合现代生活的伦理，这些就是为什么每一个社会转型过程中，社区营造显得那么重要的原因。

清华大学社会科学学院社会学系教授、博士生导师
信义社区营造研究中心主任

罗家德

书于清华园

第一篇　陈锦煌：文化再造老镇新生之路 / 1

第二篇　卢思岳：社区营造，润物细无声 / 21

第八篇　邱富添、彭国栋：社区营造的多方参与力量 / 157

陈锦煌

新港文教基金会理事长

一次艺术大师归乡展演而延伸出了一连串的社区启动计划，

以民俗文化及传统为核心集结众人力量，

从此开展并活络新港地区多面向发展。

在支持宗教信仰、儿童教育、艺术团体其间不断尝试发掘可能性。

近 30 年的投入，曾经参与公部门而后再度回到地方，

坚信"本土化"及"人"最为重要。

他是在地医生、是文教基金会创始人兼理事长，

是被称为"新港的良心"的社区工作者。

第一篇

陈锦煌：

文化再造老镇新生之路

（陈锦煌与青年志工在新港镇的农地边，图片来源：
新港文教基金会网站）

1952 年，陈锦煌陈医师出生在台湾嘉义县新港乡北部的仑仔，仑仔素有"寒地"之称，彼时这里也是新港最为贫穷的区域。陈锦煌有九个兄弟姐们，家里以务农为生，经济条件非常拮据。1967 年，他考入嘉义高中就读，随后以第一名的优异成绩毕业，1970 年开始就读于台湾大学医学系，1979 年受聘为台大医学院附属医院的小儿科医师。1981 年，为响应年迈双亲造福乡邻的召唤，陈锦煌放弃了台北的高薪工作，毅然回到新港乡开设了陈锦煌内儿科诊所。1987 年，陈锦煌与新港同乡一起创立了新港文教基金会。随着社会影响力的日益提高，陈锦煌逐渐受到更多人的肯定与拥戴，2000 年 5 月 20 日，陈锦煌出任台湾"行政院"的政务委员，并深度参与台湾的民主政治工作。三年后，陈锦煌辞去政府公职，回乡续行他的医务工作，同时携手新港文教基金会的同仁以文化造镇的方式为新港开辟一条老镇新生之路。

一　社会转折期的阵痛与思考

　　台湾文化建设委员会（以下简称"文建会"）①的"社区总体营造"理念与政策推行，调整了过去台湾由上而下的传统文化思考方式，结合民间的自发性力量，顺应着时代的冲击和挑战，将社会资源和政府

---

　　①　"行政院文化建设委员会"成立于 1981 年，掌管统筹规划及协调、推动、考评有关文化建设事项，兼及发扬优良传统及提高生活品质；2012 年 5 月 21 日，跨部门重组而成台湾"文化部"，是台湾有关文化事务的最高主管机关。

资源进行有机的整合，在实施政策过程中衡量如何将文化与社区民众进行有机互动，从而引导台湾社会对空间、文化、产业、草根民主整合等课题进行反思。

时至今日，回顾文建会"社区总体营造"运动的发展脉络，这一场表象以发展"文化艺术"为目的，实则改造台湾人心的社会工程，为什么会由文建会来启动？台湾社会20世纪末的社会情境，也许可以反映出一些隐藏在政策背后的逻辑。

20世纪80年代，台湾的经济社会从农村社会逐渐变迁到工商社会，原本农村社会初级产业的动力也变化成为制造、贸易的动力，农村劳动力大量地向城市转移，农村家庭形态、社会人际关系都随着原有成员工作上的地理性迁移发生着翻天覆地的变化。人们离开了土地，在彼此陌生的都市中，冷漠、自私、投机充斥在这些外来者的思想中，他们对地方事务缺乏热诚，"共同体意识"难以在短期内建立，也缺乏了土地认同。同时，资本主义生产方式对地方本土文化产生巨大的冲击，社会经济的快速转型使得地方独特性逐渐萎缩和消失，工业化、标准化的价值取向使得文化不再是彰显地方特色的社群（或社区）向心力，呆板、庸俗的元素取代了地方文化从前多元、丰富的特点。

长期以来，由上而下严密的行政领导以及专业的技术官僚实施的发展规划是台湾经济社会发展的主导模式，民众只能是被动地生产，被动地投入能量。虽然这套模式为台湾社会积累了可观的物质财富，但物质的丰厚并不能完全地替代精神的富足，由于人民对细致生活质量的要求难以得到满足，社会大众在精神生活和群体生活层面上呈现出了迷茫无力，甚至迷失的现象。

与此同时，台湾大量的人口从农村迁入城市，原先初级产业的基础不断受到冲击和挑战，产业优势不再像从前那样显著，朴质田园的生活已不再，传统聚落也面临着衰亡，农村在经济社会的变化过程中正逐渐地消失。

在早期社区与民众生活改善的计划中，社区政策总脱离不了基础生产建设方面的建议，在受到新时代新环境的冲击之后，地方产业也出现了新的变化，早先类似农复会和"内政部"社会司的社区建设主事者所关心的仅仅是如何消除贫困，如何改善民生，往往都是借"基础民生建设"的措施来提升农村生活，这种在现代化政策下进行的补足政策虽然有一定成效，但却非常有限。在乡村地区，区域发展与产业振兴在利益上是共同体，当地的发展必须依靠产业政策的带动，产业的振兴就成为了一个不可逃避的课题，如果不解决产业中存在的各种基本问题，当地村民也就谈不上什么社会共同体意识。在社会、环境、经济、社区、土地使用等诸多复杂交错的问题中，单纯地提高科技增加农业产量、增加公共设施投资、增加农业补贴等政策已不能完全消除农业改革的危机，纯经济的发展取向使得台湾出现生态问题、地方特色丧失、人口流失等诸般困境，大城市的就业机会成为了很多乡村人口提高生活质量的依赖，而基于一村一物、观光果园、体验农业为本的"精致农业"和"富丽农村"的鼓励性政策在现实中却是止步不前。

作为一个后资本主义社会，台湾必须要面对这些关于乡村和地方的问题，而采取的对应措施显然不能停留在像前一个发展阶段那样，用一种单一功能取向的"现代性"思考模式来解决问题。台湾社会释放的自由空间让民间的声音得以随意地表达，原住民、弱势、女性、环保等权力意识慢慢觉醒，在人们生活的地方尤其是基层社会，民众逐渐发出自己的声音，提出了一些自己的诉求。

然而一些新的问题又不断地在台湾乡村地区出现，社会风气的开放和经济的发展使得譬如大家乐、六合彩之类的赌博盛行，很多人不思耕种，一夜暴富的思想充斥在他们脑中。作为医师的陈锦煌意识到了这种社会现象将会带来严重的社会影响，他看到了混乱的社会现状、迷茫的大众心理、不安的乡村习俗以及缺乏伦理的道德规范，大家失去了前进和奋斗的方向，对社会最有深远危害的是——儿童会模仿赌博并参与其中。1987年6月，创办云门舞集的林怀民回新港的老家公演，他亦很想保留家乡淳朴的民风，于是和论辈分应称为"叔叔"的陈锦煌联合成立了"新港文教基金会"。陈锦煌说："当时我们成立基金会的一个很重要的目的，就是至少可以发现一个在这种变动的时代，做人基本的价值。希望从文化教育的角度，那在不安的时代找到一个安身立命的所在，重新建立道德，重建对自己土地的，对自己生活社区的一个信仰——找寻到一套的我们所谓的可以有序的，大家可以心灵寄托的一个很重要的文化秩序。"

从那之后，新港文教基金会从文化和历史传统的角度切入举办了相应的活动，并重新找回了一个地方特有的文化气质和自信。基金会活动的最终目的，就是要将变迁中的新港移民社会变成每个新港人自己的家乡，其社会意义对整个台湾都将有着十分深远的影响。

二 动员居民关心公共事务

基金会初期的活动除了文艺演出外，还有教育、环保等活动，比如督导学生读书、动员义工打扫卫生保持环境清洁的活动等。

1988 年，大甲镇澜宫改变行程往新港奉天宫绕境进香，所有新港的妈祖信徒听到这消息，无不兴奋异常，好客的乡亲，有钱出钱，有力出力，使出浑身解术，摆出各式流水席，免费招待全国各地蜂涌而至的虔诚妈祖信徒，新港一夜之间涌入近 10 万香客。但热闹过后，新港大街小巷遗留的垃圾，令人惨不忍睹，"新港垃圾淹过脚踝"是大甲妈祖回香后新港街面的真实写照。依照惯例，大家都在苦苦等待乡公所花钱雇佣清洁队员来扫。此时陈医生组织乡贤以及基金会骨干人员围坐商讨，最后大家达成的共识是与其忍受脏乱环境、被动等人来清理，还不如义工起身动手做！于是新港基金会牵头组织了"净港活动"来清理垃圾，随后，"净港活动"通过电视转播让全台湾都看到了这一乡邻自发爱护生活环境的行动。这使得基金会声名鹊起，并迅速成为了整个台湾知名度最高的地方基金会之一。而陈锦煌也成为了社区营造的代表和权威，在新港对外的宣讲中，他被冠以地方社造权威人士、地方精英、"新港良心"等赞誉，为人们所称颂。

这些年来，这项由新港文教基金会发起、推动、组织、筹划、整合的随香扫地——净港活动，已成为新港妈祖信仰的另一大特色。这项结合各民间社团、乡公所、奉天宫等一起清扫新港的工作，是基金会成立初期获得乡亲肯定得以发展苗壮的重要计划，也是基金会向土地学习，从爱家乡做起的系列活动——如，田野捡拾农药瓶、垃圾分类、资源回收、厨余再利用，再到环境教育、自然生态教室，出版赏鸟手册，或是2000年开始认养台糖旧火车站等一系列新港环境改造美化工作的由来。净港活动推动初期，基金会内部及新港乡亲也有许多不同声音，最大反对理由是：清扫过后垃圾马上丢下来，扫过等于没扫。但考虑入庙安座的隔天，是众信徒群聚街面跪拜妈祖的祝寿大典，若不将进香第一天燃放的鞭炮屑及垃圾清除，任谁也无法忍受如此恶劣环境。另外，净港清扫，最大意义在于过程，而不是目的，特别面对全国各地前来的信徒，是新港乡亲可以和信众们一起谦卑学习"敬天、爱民、惜福、净土"的宝贵时刻，因为这两点共识，净港工作才没有中断，后来，也逐渐加入资源回收，如减用泡沫塑料、少放鞭炮等实质环保工作。

陈锦煌医师回忆起当时的情景说："一个地方如果只是每个人各扫门前雪，那这个地方就会变得越来越陌生与自私；如果你希望要有所改变，就需要一些比较'鸡婆'（本地话中形容人好管闲事）的人来打破界限，不能只是关心自己的家园，还需要关心自家事务之外的公共事务，照顾整个地区，才能号召其他人共同来参与。"随着基金会的引导，自发参与的居民越来越多，在逐步壮大的过程中，基金会适时地开展相关家园活动，提供各类学习机会。比如新港的江妈妈除了打扫中山路自己家旁的铁路废弃用地外，还号召一些居民动手改造周围的环境，将本已废弃的用地改造成了菜园和花圃；居于新港的高灿先生是基金会的成员，与此同时他也是扶缘残障联谊会的义工，在让弱势者学会自立方面他为很多人提供了帮助。在新港义务地参与家乡营造工作，逐步地转化为新港文教基金会的成员或义工成为了越来越多居民"鸡婆"式的生活习惯和服务使命，义工林严山先生曾说："义工虽是一种服务工作、一种付出，在服务过程中，自己也会随之成长，就像原先你对文化艺术并不了解，但在做文化活动义工的过程里，你会慢慢接触这些文化或艺术展品、认识所谓文化艺术人，进而学习了解这类文化艺术，因而义工服务也可算是一种学习，所以为地方做义工，应是一件无怨无悔的事。"

1995 年，新港文教基金会借助"文建会"的促动，在美化传统文化空间的计划中协助社区成立了大兴路的街区居民自治会，同镇公所一起开启了大兴路的环境改造与美化工作。在新港，大兴路一直都是极为重要的商业街和人们休闲生活的主要街道，只不过在被台湾工业化、城镇化发展方式冲击之后，商业功能演变成了大兴路更为重要的角色。在公共设施、公共空间被逐步蚕食侵吞的过程中，一些居民的呼声也在 20 世纪 90 年代初期开始被更多人关注。实际上早在台湾政府推行和开展社区总体营造政策的初期，就已经有很多乡镇或者成立街区的居民自治会，或者邀集空间专业团队实施造街计划。大兴路美化传统文化空间的计划也并不是唯一一家，然而值得称颂的是，在居民产生造街分歧和矛盾冲突的时候，基金会和社区自治会没有放弃，始终坚持寻求共识的道路，努力解决了各项难题。

　　1998 年 2 月 25 日，大兴路造街计划顺利完成，落成活动在新港举办，这是基金会、"文建会"、镇公所以及居民自治会共同奔走努力的成果，特别是自治会不畏困难、不惧冲突、自发性的调节功能，在寻求到共识的前提下为新港改造了大兴路的环境。大兴路在成为重要商业街区的同时，也成为了周围居民休闲娱乐的主要街道。陈锦煌医师认为："这个造街营造共识的过程是非常重要的，正是它协调又解决了各种过程中的矛盾和问题，坚持寻求共识的经验，为后续新港的家乡营造奠立良好基础。"

三　社区参与和公民素养的培育

　　新港人在新港文教基金会和陈锦煌的引导下不断关注着社区发生的各种问题，而基金会的社区工作也在不同面向被逐步开拓和完善。

　　1994 年，传统的北管音乐已经衰微，依靠北管音乐立庙的奉天宫也失色不少，为拯救北管音乐和奉天宫，基金会向"文建会"申请补助，让北管重新在奉天宫被敲响，由此，断层 35 年之后的舞凤轩重新开馆，从台南聘请来了高龄北管师傅，开始招收第六代弟子。在邱晋煌任新港文教基金会的第二任董事长期间，基金会向政府曾申请了 300 万元新台币（约合 60 万元人民币）用于"新港产业策略联盟"的创立，主要提供包装、行销以及创意激发等课程，邱晋煌也曾为此到日本参观访问。2004~2005 年期间，在"新港产业策略联盟"的主导下又相继成立了顶菜园、板陶窑文化观光产业区。在地方史迹中，基金会用有三万多册青少年读物，在新港推广的苗圃绿化与农会合作生产出了"自然米"，再以精美淳朴的装饰包装，从基金会的餐厅卖出，强调了有机生态的生产过程。基金会在社区营造的过程中不断融入历史、环保、传统文化等多种元素，并更多地关注产业、健康以及弱势群体等，甚至涉猎国际交流和国际接轨，其成果和影响力不容忽视。目前基金会制定了五大目标，分别是文艺展演、绿化环保、社区关怀、图书推广以及国际交流，目的在于依靠乡亲自身的力量脱离新港以往文化贫瘠的状况。

陈锦煌医师在基金会组织的活动中一直坚持以义工的想法作为主体，即其组织方式不是由上而下的，而是参与活动的义工和乡邻就活动任务发表自己的想法，经过讨论后产生共识，再由下而上传达大家的意见和建议。义工这种"我不一定赞同你的想法，但我会尊重你的意见"的运作方式，培养了新港人崇高的公民精神及公民素养。

1997 年，新港儿童图书馆建成，并由新港文教基金会接手进行日常营运，至今，管理图书馆的义工来了一批又去了一批，热心人士不断地为图书馆捐书捐物，社区民众也不断享受着这个读书的好去处。社区提供资源，民众又共同享受资源，资源被充分地利用，社区与资源有了最完美的衔接。

当新港地区的儿童学习教育、图书推广方面有了一定的社区营造成果，陈锦煌医生也在同步思考新港文教基金会如何应对老人照顾的问题。作为一名在新港行医三十余年的医师，在服务乡邻的同时陈医生也最能体会到台湾社会老化的速度。起初，他的病人中大概有 3/5 是 15 岁以下的孩童，近年来仅为大概 1/5，大部分病人属于 65 岁以上的老人。他每天都会在诊所看到、听到诸多老人照护的难题与太多的无奈，不仅医疗方面，连社会资源分配、照顾者与被照顾者关系处理方面都是困难重重。陈医生观察到新港许多人即使年龄达到 65 岁以上，退休了，但身体仍然硬朗，来去自如，行有余力还可以照顾他人，因此以多年的社区营造经验让他得出以下判断：可以发展健康老人照顾不健康老人的社区互助模式。社区营造过程中"社区反哺社区"的方式也为照顾老年人提供了方便，基金会建立了照顾老年人的平台并发挥组织作用，实施照顾老年人的具体事务，比如送餐、量血压等事宜则都是由社区成员来完成，最终集中社区力量，发展出了一套社区互助模式，让社区内贫困、疾病的老年人得到关怀。

2005 年，新港乡邻高灿和林国平等人将本附属新港文教基金会的"新港扶缘残障联谊会"正式登记为"嘉义县扶缘服务协会"（简称扶缘），邀请陈锦煌医生为创会理事长。扶缘和一般社会福利团体最大不同在于：扶缘无法专注于单一项目或单一类别的服务工作，必须面对社区中各式各样的服务需求，并且扩大服务范围，包括新住民和老人。因此，扶缘的义工，不仅需要服务热情，更需要学习成长。以简单的独居老人送餐为例，不仅是义工将仍然温热的饭食及时送达，还要考虑送餐对象是否有糖尿病、高血压、牙齿脱落等慢性病，需因人不同，进行适当调整，这需要医学知识的协助；若送去的餐食一连几天老人都没吃完，义工需具有社会工作服务的技巧，敏锐观察，耐心沟通，以及时发现原因；若被服务的老人拒人千里、情绪不佳，义工需具心理治疗师的沟通及诊断技巧，来打破僵局；另外，送餐同时，还要小心观察居住周遭的生活环境以防止老人生活中的危险隐患。仅是一个送餐服务，就需要如此多的专业技能，所以扶缘在激发大家自下而上的草根互助精神之外，还十分注重对义工的培力工作（Empowerment）。面对新港地区六千多位需要照顾的老人，虽然这里照顾问题复杂、工作量大，但是因为新港基金会多年来的发展，当地居民社区意识较强，义工参与源源不断。十年来，扶缘与大量的义工从新港老人照顾服务需求调查、家庭访问及电话问安开始，到社区关怀据点、血压站、健康补给站等的设立，再到近年来的送餐服务、陪伴就医，为新港的老人提供了友善的社区养老环境。扶缘推动这些工作的目的，是想在新港建立社区型自主性老人长期照顾系统，让新港的长者们可以在自己从小熟悉的土地上，健康且有尊严地步入老龄生活。这些也是新港基金会 2005 年之后的工作重点之一。

很多人站在义工的角度也会有所思考，"现在我有能力照顾其他老人，等有一天我老了，也可以得到来自社区提供的照顾"，他们的所为实则也是为自己提供养老的机会，如此一来在义工工作中也就会更加的卖力，这样便形成一个社区可持续营造的机制。社区营造所需的物力、人力，甚至精神力量大部分都是由社区内部提供，基金会只不过是把这些力量进行归总整合，即充分发挥了平台的作用，让供应者和需求者通过平台连接起来。当这个连接出现问题的时候，陈锦煌医师和基金会就可以扮演一个中间斡旋的角色，针对问题的症结所在提出相应的解决办法，然后再通过大家的力量落实解决问题的措施。陈锦煌医师提到过一位新港老义工讲的话："我有社区理想，我能发现新港有哪些问题并且有办法解决它，但是靠我自己的力量做不起来，通过基金会这个社区团体的力量大家就可以一起把它做起来，一个做不到的理想，通过众人的力量，通过组织的力量就可以把它完成。"这样的组织和动员方法，使得基金会得以持续长久地发展。

社区营造具体事务的参与主体都是社区居民义工，他们整合到一起后形成一个团体，共同承担责任，共同收获劳动果实。陈锦煌医师告诉我们，目前基金会在社区共有四种运营策略：一是理念先导策略，即引导居民自己找到问题，让居民有解决问题的想法；二是专业指导策略，即以专业的方法来解决问题，比如照顾老年人需要专业知识，整理脏乱差的环境也需要专业，这就需要培育专业的人才，基金会一直以来都很注重人才的培育；三是组织策略，即把有用的人、资源充分组织到一起，备以充分地利用；四是行动策略，即是有了想法和计划后付诸实际的行动。其中行动策略是说服他人最好的方法，基金会只有通过实际的行动带领居民做出成果之后才能够感动民众、取信于民众，因此基金会组织的社区营造活动的做事方法并不是靠政府和宣传，也不是靠条规政策来推动的，参与其中的人员首先要被感化，然后才会有参与的积极性，即先有了理念先导的策略，然后有人才培育，再次以实际行动来感化社区居民。这也是多年来陈锦煌医师探索出的社区参与的核心模式。

四　公部门走一遭——培育社会的第三种力量

陈医师从不避谈他在政府部门担任"行政院"政务委员及 9·21 灾后重建推动委员会执行长参政的那段经历。那是一种由上而下的治理经验，让他更加深入地了解公共决策的过程，例如，怎么做资源分配、怎么制定优先设计，怎么进行社会效果的评估，等等。政府是一个很大的机器，担任政务委员间，陈医师曾负责过几个大的机构的政策制定，包括观光发展、地方产业设计营销、灾后重建，也负责过环境政策制定的一些工作。在这过程中，陈医师发现，政府的运作过程与机器十分类似。比如要做一个社区，其实政府的所有部会都有跟社区相通的工作范畴；比如说重建，它又更复杂，先是政府的角色，还有乡镇的角色，甚至最基层的村的角色都要在其中发挥作用。所以由上而下的治理——这个是纵向的，还有各层级内部的沟通联结——这个是横向的，这些都很复杂，政府需要对预算负责，靠政府相关的划定后，政府工作人员才能够将各个部分拼凑起来，继而形成一个整体，产生综合的社会效益，这对他来说是一个很难得的学习机会。

当然大家一直在说人在政府部门好修行，但陈锦煌医师当时也没有想要一直留在政治领域向上攀爬，他是很意外进入的，但在过程中他发现现代民主政治也存在着巨大的束缚，政策也无法顾全到真正需要帮助的弱势。这个部分其实是他到政府部门后才有了透彻的体悟。所以他还是决定回到根本，回到原点来做他该做的事情。2003 年，他辞去担任近三年的公职再度回到新港的小诊所里，照例用每周固定的工作时间问诊治病，而用其他所有的时间投入到新港文教基金会的社区营造工作之中。

他希望寻找到社会治理上的第三条路，这也是在政府和企业之外的另一个层面的社会发展与治理的力量，有这股力量的存在这个社会才会稳定发展。陈医师并不介入地方的政治势力之中，但他又认为在地方扎根够久，人脉的连接也就够强够密，很多关系也就相辅相成无法分开，比如现在的新港乡长就做过基金会的董事长。当然大家也不会无故轻视基金会在地方的影响力，然而这里仍需要累积一定有利的社会关系网络。但是基金会依旧是保持着工作的重点和原则，以贫苦的弱势老人、小孩为服务的主体，期待为整个社会的公平正义贡献力量，不被政府收买，不被大的财团收买。最重要的是，新港文教基金会是一个"有钱的照顾没有钱的，有力量的照顾没有力量的"的基金会，因而他们希望回到人的最根本，无论这个人的社会经济地位如何，他都享有其生存的权利，例如，当老人没有人照顾时，他们就为这样的老人提供社会支持。这当然是基金会的社区工作最重要的一个职责范围。如果社会中这样的一部分力量可以坚持存在并发挥作用的话，陈医师才会觉得这个社会比较有存在的意义和发展的希望。

陈医师表示他们现在基本上做政府做不到的，比如政府说要照顾台湾所有的村庄，这在现实社会生态中很难完全实现，这个部分就需要例如新港文教基金会这样的社会组织来协助，借鉴他们多年在社区中积累的经验、他们的社会关系网络来做这个事情。因为一方面他们做政府做不到的，一方面他们做政府还没有做的、甚至是政府还没有想的，因为扎根在社区，因此在社区需求方面他们总会先于政府思考到，这个是社区组织的特色。因为他们接近这个土地，接近这些人民，也就更接近问题。如新港文教基金会这样的社区社会组织就是要走在政府的前面，将那些被政府疏忽和遗漏的地方补上。这才是他们的希望和工作重点所在。他们当然不跟政府"抢"工作和功劳，政府做就随其去做，他们不去无限度地干涉。目前陈医师又再度被推举为新港文教基金会的董事长，这一次，他希望要培养更多拥有这样的视野、理念和判断力的人。

五　无我之境，成全他人

今日，陈医师在新港甚至全台有着高度的社会声誉，几近是台湾良心的代言。但在他自己看来，在社区的事务中他个人已经不是很重要了。尽管基金会目前要开始一个行动项目仍是由他启动，但是这里员工和义工们要花上很久的时间去讨论、筹措经费、寻求资源等，这些过程他全部放手由别人来做。他觉得一个很重要的境界是"无我"，在社区营造过程中他很好地证明着这个思想。他一再表示：必须要懂得与社区和乡邻相处的过程中，"我"已经大概不太存在了，不能说今天一定要做出什么企图和立竿见影的效果，这种教育和行动过程基本上是比较慢的；另外一个部分不能太强调个人的角色，而是要让大家一起来。因此陈医师一直在让基金会的运作不断制度化、规范化，即便是在他暂别新港到美国的 1 年以及他到政府部门任职的 3 年时间里，新港文教基金会仍在正常且高效地运转着。他慢慢地也在做彻底退休的准备，让新人们逐渐锻炼出来。而这些新人是认同社区营造和这个团体的人。他现在有一部分时间去大学里带学生、教课，或者再到其他社区去做演讲、评审等工作。回乡 30 多年，他大部分时间是在这个小镇子上度过。尽管推崇着"无我"的心境，但对于自己的小家庭，陈锦煌的"公而忘私"也是他心中的痛。他决定返乡时，妻子已在台大谋得教职，陈医师尊重她做研究的兴趣，只身返乡打拼。30 多年来，陈锦煌和妻儿聚少离多，一家人只能在周末短暂相聚。廖嘉展撰写的《老镇新生——新港的故事》一书中提到陈锦煌每晚忙完诊所和基金会后，才打电话给太太和孩子，"通完电话的一刹，那片刻宁静仿如刀割，孤独的痛苦，在这个时刻最为强烈"。有一段期间，陈锦煌一提起家人就眼红，尤其每当董事长任期结束，想辞又辞不掉时，复杂的心绪交错，他不禁潸然落泪。

陈锦煌的诊所就位在新港奉天宫旁。30 多年来，他放下听诊器后，不是骑单车到乡间农田转一圈、闻闻泥土香，便是信步走到奉天宫，欣赏重生的新港。

这也是近些时年台湾特别的现象，有一些像陈医师这样的社会精英，扎根乡土社会中，慢慢有影响出现，这样的现象除了依靠知识分子的觉醒更要靠这些人热爱他们生长生活的土地，继而在这个土地上做一些深耕的事情才得以实现。

【我眼中的社区营造】

"我觉得社区营造最重要的还是人。社区还是不外乎人，没有人当然就不行。营造社区、改变社区的力量要好靠多人一起来付出，或者靠整个团队。幸好台湾有这批人。"陈锦煌医师如是说。

【送给致力于社区营造的工作者们】

社区营造中可以去寻找到人的存在价值，其实我们希望说，可以发一些声音出来，讲一些话——我们的理想在哪里。人跟人是不同的，社区跟社区也是不同的，我们保卫我们一些尊严，一些存在的价值。我们做这些就是从最基本开始，我这个家庭跟别的家庭不一样，我这个社区跟别的社区也不一样，我们的问题也不一样，我们来弥补政府做不到的地方，我们不是反政府，而是说要弥补一些政府关注不了的地方。从这里可以得到我们做人的满足，基本的尊严可以建立起来。社造最后还是回归到人。

政府没有办法解决所有人的问题，我们对社造的理解和实践大概可以集中弥补这个部分。一个进步的社会不只靠政府的力量，而是要有社会力的部分承担。这是我的建议。

卢思岳

中华文化总会副秘书长

吾乡工作坊执行长

台湾社区一家协进会常务理事

台湾社造联盟理事长

台中市石冈人家园再造协会理事

财团法人跨界文教基金会董事

毕业于台湾东吴大学中文系，曾在中学担任教师，

也参与过社会运动、当过文字记者，

也有着剧场制作人等头衔，

这一切看似无关却饱含着他对"故乡"的坚持。

一次震惊全台湾的大地震后的余悸，

将一切都串联起来，他带着居民打造出

属于自己也属于每一个人的"故乡"——石冈。

（近年来，卢思岳活跃在大陆公益领域，分享台湾社区营造经验，并为诸多社会组织提供指导培训。图为卢思岳在 2015 年中国慈善论坛广州峰会会场做主题演讲）

第二篇

卢思岳：

社区营造，润物细无声

1999 年台湾"9·21"地震之后，卢思岳带领一批志愿者组成"9·21 灾区支持小组"，进驻台中市石冈区协助社会经济调查，并组建了石冈人家园再造工作站。这个外来团队原本只是短期"蹲点"，没想到，这一蹲就是十多年。工作站随后转型为常态性、制度化的石冈人家园再造协会，如今已是台湾地区数一数二的在地化草根组织，而卢思岳也在石冈安了家。积累了丰富的经验之后，卢思岳开始担任台湾社造联盟的理事长，给大陆和台湾地区多个地方的社造协会等社会组织提供培训指导，传播社造理念、传授社造技巧。

一　身世浮沉雨打萍

在接触社区营造之前，卢思岳换过很多职业：老师、社会运动工作者、记者，还在"立法院"做过办公室主任。他很早就开始参与公共议题。1986 年，美国的杜邦公司准备在彰化附近的鹿港镇建造一个化工厂，生产二氧化钛。因为担忧环境污染，当地居民极力反对化工厂的建立，发起了"反杜邦运动"。当时，卢思岳正在附近的一所中学当老师。他作为该运动的核心组织干部之一，积极参与其中。最终，在卢思岳和其他当地居民的奋力抗争下，1987 年 3 月 12 日，杜邦公司宣布从鹿港撤出。"台湾第一个还没有设厂就被赶出去的就是杜邦，这是一个里程碑！"卢思岳带着满满的自豪感如是说。

然而，反杜邦运动的抗争过程也让卢思岳看到了校园的保守。怀着对理想、对正义的追求，1987 年初，卢思岳离开校园，转行做了一名专职的社会运动工作者。他把关注的重点放在工人运动上，新竹远化罢工、丰原客运罢工等众多罢工活动中都有他活跃的身影。然而，社会运动毕竟是一件有风险的事情，为此，卢思岳甚至还被判服刑六个月。

渐渐地，社运工作蕴含的风险让卢思岳产生了疲倦感，1990年，他再次转行，成为一名记者。因为之前从事过社会运动，所以他最初的采访对象也是以从事社会运动的人为主。后来，因为表现优秀，他还做过报社里的政治组组长。

卢思岳的第四份工作，是出任"立法院"的办公室主任。卢思岳说，他去那里是想了解权力的运作过程。1998年，在"立法院"工作两年之后，厌倦了应酬生活的卢思岳又一次离开，到了非营利组织，投入社区营造工作。这一次，漂泊的浮萍终于生出了落地根。

二　从社运到社造，一次华丽的转身

因为历史的原因，台湾地区的社区营造受日本的影响很深。20世纪70年代末，日本兴起"造町运动"，以景观为切入点，发动社区居民，共同改变社区的风貌。卢思岳介绍说，台湾以前也有过社区政策，是从联合国引进的，称为"社区发展"（community development），时间大概是在20世纪60到70年代。可是后来他们发觉，一个社区的发展，还是需要"软件"的，即人的改变。1994年底，受日本"造町运动"的启发，台湾"行政院文化建设委员会"（以下简称"文建会"）的陈其南先生提出了"社区总体营造"的概念。至今，社区营造在台湾已经发展了二十多年。

但是，台湾地区并不能直接照搬日本的经验——社会文化特性的差异导致了社区营造策略的不同。日本大和民族强调集体主义，"喊一声大家就都下去清理水渠了，好像不从众就会被排斥"。相比之下，华人社会中个人色彩就重一些。为了激发居民的兴趣、号召大家进行社区营造，社造工作者不能用说教、更不能用强迫的方式，而是需要运用很多的"花招"和技巧，想出五花八门的策略来推动这件事情。介于华人社会的相似性，卢老师说："台湾的经验对大陆会比较好用。"

在台湾当局大力支持社区营造的社会大背景下，卢思岳实现了从社会运动到社区营造的华丽转身。这位习惯于激烈抗争的硬汉终于找到了另一种改变社会的方式，家人们也不用再为他担惊受怕。

卢思岳说，选择社区营造最重要的原因，是他看到了社区营造作为改造社会的方式之一其独特的优势。因为在体制内运作，它不仅得到了政府的支持，还能依托政府，获得很多的资源和补助。更重要的是，相较于直接冲击体制的社会运动，社区营造最大的特点就在于"温和"二字——没有很多的抗议、没有很多的抗争。"为什么它必须相对要温和？因为它先天就有着幸福的样子。"他给出这样的解释。社会运动中，抗议者接触的对象是一群素不相识的人，比如警察，因为不曾谋面而且将来的生活也不见得会有交集，所以抗争行动就像一锤子买卖，容易变得激烈，双方都很少顾及人情颜面。而社区营造就不一样了，大家住在同一个社区里，是低头不见抬头见的邻居，双方即使有些意见，也不至于把关系弄得很僵。

从 20 世纪 80 年代至今，台湾大致经历了社会运动兴起、兴盛，然后向社区营造转变的过程。卢思岳说，如果不是社会运动对重大议题的正面冲击，台湾很多东西是不会改变的。例如，以前设立的"经济部"，保护的是资本家的利益，正是因为有了劳工运动，政府才成立了保护劳务劳工的"劳委会"。同样地，正是因为有了环保运动的冲击，政府才成立"环保署"。但后来人们渐渐发觉，社区营造似乎是一种更为合适的方式，它更加温和，可以走得更加长久。

社区营造的主体也和社会运动不太一样。虽然社会运动的参与者有时可达数万之众，但是彼此之间的关系却很少，因为社运的操作模式一般是以议题性操作为导向，对同一个议题感兴趣，或是有着共同目标的人才会聚集在一起，所以社运的参与者大多是不固定的。上街头的时候可以有十万人，但运动结束之后，大伙儿又四处散开，不知道同伴住在哪里，甚至不知道彼此姓甚名谁。互相熟络的，大概就只剩下社运团队的几个核心成员。

而社区营造就不一样了。因为以区域性议题为导向，参与者人数可能不如社运这么多，但是参与群体基本是固定的——就是这一片的居民。大家生活在一起，每天都要见面，不仅知道彼此是谁，甚至连彼此的亲戚朋友都认识。碍于人情面子，彼此的关系相对社运要温和很多。而且，因为探讨的都是自家社区的事物，从参与的"密度"上看，社区营造可以吸引到更多的人参与其中。

更重要的是，除了反对跟抗议的声音，社区营造在"破"之后，还有一个"立"的过程。它呼吁大家共同来关心自己生长的土地、自己生长的社区和自己生长的故乡。从"营造"这两个字就可以看出，这是一项带有建设性和创造性的活动，需要大家发挥积极性和主动性，为建设更美好的家园出谋划策。

相比于社运，社造的进度或许是缓慢的，但是它却能真正扎下根来，成效深远。而且，社区营造有利于社区公民意识的培养。"社区营造，它是在培养社区公民。没有社会公民，就不会有社会和谐。先从你自己的土地、周边来关心起，然后你才会去关心重大议题。你看看很多政治人物发动民众，都是很大的议题，什么经贸政策，什么核电站要不要办……你自己家里旁边的水沟都很臭，你们社区脏乱点那么多，为什么不把它弄干净呢？"卢思岳如是说。

那么，卢思岳究竟是怎么做的呢？接下来，让我们走进石冈，去看一看那里发生的故事。

三 细说石冈——社造润物细无声

1999 年台湾 "9·21" 地震发生之后，卢思岳作为无壳蜗牛 ① 联

① "无壳蜗牛"一词流行普及主要来自台湾及香港新闻媒体的报道，由于房价的高涨使许多工薪阶层、中产阶级的人无力购买房子，必须一人独自工作并积蓄达数十年才能购屋，或夫妻共同工作并积蓄达十数年才能购屋，或亲子两代共同存钱积蓄才能购屋，即父母亲一代先有部分积蓄，而儿女成年后出外工作来接替累积积蓄，如此以各种空间协力、时间接力的方式积蓄才有能力购买房屋。而组成这个联盟的群体则被称为"无壳蜗牛联盟"。1989 年，台湾房价因为股市上涨与财团炒作而飙涨，导致多数市民没有能力购屋，一群市民为了抗议而成立"无住屋者团结组织"，并于该年 8 月 26 日晚上，号召数万人在台北市地价最贵的地段——忠孝东路上露宿。这些抗议者自称"无壳蜗牛"。

盟灾区支援小组的一员来到了石冈（当时卢思岳正担任无壳蜗牛联盟的执行委员，带领一批志工组成"9·21灾区支持小组"进入此地），进行为期两个月的社会信息调查，没想到从此就与这里结下了不解之缘。

调查报告上交之后，支持小组按计划就应该离开了。然而，看着地震中倒塌的房屋，看着各方面百废待兴的石冈社区，志愿小组的工作者们经过讨论后决定留下来，帮助石冈尽快完成灾后重建。

1999年底，石冈人家园再造工作站成立，并开始辅助政府进行重建工作，包括进行生态调查、兴建公园、重建文化产业、空间集合政府部门的资源，等等。

在卢思岳和其他工作人员的努力下，石冈的社区营造进行得很成功：环保职工队、守望相助队、水利合作社、客家民谣班、客家小天使合唱团、石冈妈妈剧团等组织的成立，使得居民们在生产活动和日常交往的过程中增强了对社区的认同。

2003年是值得纪念的一年，社区营造在石冈进入了一个崭新的阶段。这一年，石冈人家园再造工作站更名为"石冈人家园再造协会"，意味着社区营造正式在石冈落地生根，成为一件常态和永久的事情。

四 通过社区报凝聚共识

灾后重建时，为了点燃在地居民的参与热情，卢思岳与同伴们萌发了办社区报的想法。

在工作站成立的同时，第1期石冈人家园再造通讯也出版了。它既是一个讯息发布平台——建设讯息、政府政策等，也是一个沟通交流平台，刊登居民们关于社区重建的意见。这份通讯一直办到了 2003 年 6 月。随着社区工作站的转型，石冈人家园再造通讯也随之改名为"石冈人社区报"。我们采访卢思岳的时候，石冈的社区报已经办到了第 146 期，是台湾最"常青"的社区报之一。

在采访的过程中，卢思岳好几次用了"一不小心"这个词，比如，"一不小心就走了十几年"。在这些"一不小心"中，我们感受到了卢思岳的谦逊，也感受到了那份谦逊中透出的骄傲和自豪。

社区报"长寿"的秘诀是"共同参与"。每一期的社区报都会邀请留在家乡或外出打拼的石冈人来题字。题字者的选拔标准不是看谁字写得漂亮，也不是看谁的声望高、名气大，而是看谁对社区做出了贡献，以扩大社区参与为考虑。

社区报第 1 期的报头是由石冈土牛村的村长、土牛社区发展协会的理事长题的字，当时他 79 岁。"为什么选择土牛村呢？因为当时的重建工作需要在地协助，而工作者驻扎的第一个村就是土牛村，村长很配合这项工作的推进，让驻扎地的村长题第 1 期社区报的字，也是一种纪念和感恩。"卢思岳说。

除了感恩，社区报的题字走的是"小人物为主、大人物为辅"的策略。理事长、村长等大人物一般是四五期才能轮到一次。石冈的乡长是到第 34 期才轮到的，而卢思岳自己，作为创刊的发行人、时任台湾社区重建协会的理事长和领队，直到 55 期才轮到。因为题字的都是小人物，大家看到自己的或是自家人的题字，都会很激动，很珍

《石冈人》报独特的报头

惜，所以很多人会把社区报收藏起来。

题字人的年龄差距悬殊，他们当中年纪最大的，有102岁，而最小的，才8岁。这么小的孩子为什么可以题字呢？他对社区的贡献又是什么？原来，他在客家话说故事比赛上拿到了第一名。卢思岳说，提倡母语是一件值得奖励的事情，于是就请小朋友用彩色笔提了社区报的报头。

有一次，石冈人家园再造协会的总干事向卢思岳建议，请一个天天在公园打扫的职工题字。可是一问才知道，人家不会写字。于是，社区工作者就写好字让他描，描好了再印上去。这就是石冈社区营造的核心理念——共同参与。"哪怕你不识字，只要对社区有贡献，也会被请来题字。"

"有参与你才会有认同，当你写了'石冈人'三个字，你就会以石冈为荣，你就认同了石冈人的身份。"卢思岳解释道。

同样地，社区报的稿件大多也是村民编写的。他们可以写自己的专长、写自己的故乡，或是写写小时候的回忆……不一而足。这就是社区报的活力所在，它不在乎写得好不好，或是有多专业，只要有真情实感，写出了社区真实的风土人情，自然就会吸引大家的认同和关注，自然就会让越来越多的人参与进来。

不过，办报的过程也不是一帆风顺的。因为发行量小（每期大概只发行两三千份），社区报最常遭遇的困难就是缺乏足够的资源，因而面临停刊的困境。但韧劲十足的石冈人还是坚持了下来，极高的社区认同感和参与度也帮助社区报渡过了一次又一次的难关。

社区报的发行费用通常来自这个地方社会各界人士的捐款，特别是那些外出打拼的石冈人，他们借助社区报获得故乡的消息，所以特别愿意给社区报提供资金支持。当然，石冈本地人也会捐款。捐款可多可少，甚至连橘子、西米露、绿豆汤这样的食品饮料也可以捐。每一期报刊的右下角，都会列出捐助者的姓名及其所捐的内容和数量。石冈社区的温情就在这些充满生活气息的捐助中慢慢酝酿、发酵。当运营发生困难的时候，报纸里就会夹上捐款的求救传单，请求大家募款。随着社区认同感的增强，捐款人数也在逐渐增多，现在一切终于雨过天晴了。卢思岳说，有时电脑中病毒，丢失了很多珍贵的资料，但是因为有了社区报，把重建的故事记录了下来，避免了更大的损失。

社区报的总干事是兼职的，执行秘书是专职的。石冈社区报的执行秘书本来在林业局工作，出于对社区营造的兴趣，他从林业局辞了职。现在，他的薪酬每月大概只有两万多新台币（约合人民币四千多）。总干事的固定津贴更低，一个月只有象征性的两千块新台币（约合人民币四百元）。在社区报工作，无论兼职还是专职，他们的薪酬都比原来的工作低，支撑他们的，更多时候，是一种兴趣、一份责任感和一股奉献精神。

总结社区报的经验时，卢思岳给出了这样三点：奉献、坚持和策略。首先，要有一颗为社区奉献的心。万事开头难，刚开始的时候，申请材料多、社区支持少，很多东西都是义务的，如果没有一颗无私奉献的心，是很难坚持下去的。其次，有耐心、慢慢做，相信细水长流。他建议社造工作者从最急迫的，或者比较简单的、容易出成果的项目入手——因为看到成果就容易申请到新项目。最后，是要不断调整运营方式。即使在成立十多年后，石冈人家园再建协会还是碰到了财务危机，迫使卢思岳整顿财务、调整行政结构和申请项目。

五　社区活动带来凝聚力

社区营造是慢慢累积起来的。那么，社区营造究竟需要哪些技巧，应当如何来做呢？卢思岳告诉我们，在社造培训班上，老师一开始都会教学员们这样两招：一个是进行社区资源调查，包括社区的人、文、地、产、景等五个方面，充分了解自己的社区；另一个是社区优劣势分析，即 SWOT 分析。S 代表 strength（优势），W 代表 weakness（劣势），O 代表 opportunity（机会），T 则代表 threat（威胁）。后面两个因素是外部性的——外部给的机会、外部给的威胁；前面两个是社区内部的特性。社区营造的开始，就是带着居民们在完成社区资源调查的基础上分析讨论社区的优势和劣势，进而提出策略和解决方法。

石冈的社区资源调查是从文化型的内容开始的，卢思岳和同伴们训练社区人调查社区的文史、历史，了解自己的故乡，并通过社区报定期发表。例如，石冈人对土地公庙的调查，社区报就连载了好久。对土地公的调查做了一两年，社区报的连载也跟着进行了一两年，梅子村、万鑫村……石冈人把各个村的土地公都仔细调查了个遍。

"我不是石冈人，我是嘉义人，可是因为我在石冈工作，协助重建，我调查过这里的历史，我比很多石冈人还了解石冈。所以后来我就干脆把家搬到了石冈。因为什么？因为有了认同感。"卢思岳总是很强调"认同感"这个概念。

"很多当地人不了解自己住的地方，只是因为没有做过社区资源调查这个工作……所以社区营造才会强调让居民参与对社区资源的调查——作为居民，你做的不一定比台大的老师带着学生来做得好，但是，我们就是要你做。因为你在这里，你只有自己了解才能诠释你自己，而不是由别人来诠释你。""台大的老师做得会比你好，更精准，但问题是这没有用，你一点感觉都没有，所以一定要你自己做……不会方法没关系，老师来教，老师带领大家做，但老师绝对不会代理操作。"卢思岳说，他特别强调"在地培力"（local-empowerment）这个概念。

此外，为了增强参与感，孩子们也被鼓励参与到了社区故事的调查之中。为了增加孩子们的兴趣，调查队起了一个有趣的名字"社区少年侦察队"。开始的时候做的是一些偏文化型的内容，比如保护一颗古树不被砍掉，保护一个历史建筑不被破坏或是变成新的高楼大厦。

慢慢地，他们加入了环境景观的议题和环保生态的议题。原本，乡公所想在山的另一边建第二条道路，进一步开发旅游业。但石冈的居民经过生态调查认为，这么做会对当地的生态造成破坏。他们在社区报上刊登了调查结果，建议那边只做一个人行步道。这一方面是因为山的一侧已经有了自行车道，而在山坡上，自行车也不是很方便；另一方面，如果游客很多会破坏山上的生态——那里有台湾最多种类的跳蛛。

通过生态调查，石冈人还发掘了当地的青蛙资源，开展了小蛙人的夏令营活动——认识青蛙，晚上再出去夜观青蛙——既发展了产业，也起到了爱护生态、保护青蛙的作用。

妈妈剧团是石冈的另一张名片。考虑到文化、教育对社区营造的作用，地震过后不久，卢思岳他们就开始筹建石冈社区剧场。前来受训的大多是中年妇女，她们就称自己组建的剧团为"石冈妈妈剧团"。剧团成立之初，她们演的是地震的故事，后来就演到了她们自己的生命历程，演妇女们如何嫁进石冈、如何变成种植水梨的农民……妈妈们的用心演绎换来了丈夫对她们的支持，石冈的爸爸们或是亲临现场看演出，或是在剧团外出交流时帮忙搬道具。成立十多年来，剧团已经去到过世界上的很多地方，向世界各地的人们展示石冈人的风采。

有了对土地、对社区、对故乡的了解和认同，后面的事情变得简单起来。

日本的造町运动也好、台湾地区的社区营造也罢，其目标社区并没有城市或农村的划分，就是一个笼统的社区重新经营的概念。城市和农村的社区营造，在一些精神跟原则上是共同的。当然，在实际操作过程中，因为各个地方的条件不一样，所以操作的策略和方法也会不一样。比如，相比于城市，农村传统的人际脉络会比较强。再比如，同样是农村，种稻米的地方和生产竹笋的地方在社区营造的方式方法也不一样。

大约从 20 世纪 70 年代开始，大陆和台湾都有重工轻农的倾向，导致农村劳动人口大量外迁，产业不断凋敝。这就迫使农村不得不在社区营造的过程中发掘适合发展的社区产业，激发自身的经济活力。

　　或许是因为地震时地层的滑动动摇了水梨的树根，震后第二年，石冈的水梨竟异样地盛产，结果导致了产品滞销和价格暴跌的问题。梅子村的三位农民大姐一脸愁容地找到了卢思岳。卢思岳看在眼里急在心里，他逐一去拜访新竹客家区的同类工会，拜访科学园区，恳请他们都向石冈订水果。当时没有网站，卢思岳就通过传真，制作好介绍灾区和水梨背景的传单，呼吁人们不要捐款，而是通过购买水梨的方式来帮助石冈进行灾后重建。卢思岳说："我们要自立，我们要有骨气！"事实证明，这种宣传的效果极佳，石冈的水梨卖到了台北、新竹等多个地方。

　　为了能成功地把水梨推销出去，石冈人还给当地产的水梨起了一个富有日本风格的名字——月姬梨。月姬梨得名的原因有二。一方面原因是它的树种来自日本。当时，日本人嫌梨树太多想丢掉，台湾农民就把它买回来。悉心照料和嫁接之后，温带的水梨成功地在亚热带开花结果。取名"月姬"的另一个原因则与来找卢思岳的三位农民大姐有关。"月姬"二字，是在她们的名字——钟凤姬、庞月秋和林月霞——中取了两个有代表性，又组合起来颇具韵味的字。

　　剧场的活动也推动了水梨的命名。社区剧场的妈妈其中有三四个参与了合作社的成立，然后也当了理事。刚开始，想用她们的名字给水梨的品牌命名的时候，以男性为主的合作社成员并不同意，因为台湾东势地区也有两个品牌，乡公所的叫作"总统"，农会的叫作"飞龙在天"。这两个都是很阳刚的名字。当时在合作社里，男性为主，连合作社的理事主席也是男性。他本来很反对，后来又被说服，因为这个名字需要一点日本风味，又是从日本引进的，而且这个名字和水梨的特点很贴近，汁多皮薄。这和台湾传统的水梨很不一样，传统水梨虽然水分多，但是皮粗肉粗，而且甜度没有月姬梨高。而且，合作社的诞生是因为这三个妈妈的告急，即使是从行销的策略，也应该这么做。于是，渐渐地，合作社里主事的男人们就被说服了。

第一次成功之后，他们就做了需求调查，发现客户名单中有一半的是直销客户，大概买了五百万新台币（约合人民币一百万）的水梨，而其中的一半是在新竹客源区。当时网络刚刚兴起，卢思岳他们就想到网络订单。可是，他们不会使用网络。恰好，资讯工业策进会正在推行一个"偏乡数位网络行销辅导计划"，协助乡村农人建立产品销售网络与后端电子化管理系统。于是，他们就为石冈建立了一个网站，利用媒体资源做对外宣传。就这样，第二年的时候，网站建立，进行直销栽培。因为直销，直接卖给消费者，去掉了中间商，所以价格比较好，农民收益也很高。到了后来，智邦科技又来当志愿者，协助石冈对网站进行改版，于是网站上又多了石冈重建的故事，多了水梨二十四节气的生态等内容，成功吸引到更多订单。

几年之后，水梨产业发展起来了，合作社的网站常态化、稳定，可以自己好好发展了之后，卢思岳就没有再管过这件事。合作社的第一任执行秘书是林月霞的儿子，第二任执行秘书是钟凤姬的女儿。农民不会用电脑回应客户的问题，卢思岳他们就培训年轻人。卢思岳说，灾区重建和社区营造的继续，需要这帮年轻人，所以相比于"授人以鱼"，他更愿意"授人以渔"。现在，月姬梨基本上每年都能赢利。

社区营造，给石冈重新披上了温情脉脉的面纱。乡下的人际网络本来就比都市紧密，人情味浓，社区营造更是加强了这种人情味。为了帮助外来的人顺利找到路，石冈居民自愿组建了巡逻队伍，每天巡逻到深夜一两点。卢思岳住在梅子巷 37 号，而以前很多人就会错找到梅子巷 37 弄。有了这帮热心居民的指点，人们找路就方便很多。有几次，有人要找卢思岳，村民们干脆说："我带你去！"。这就是乡下的人情味，巡逻队伍也起了一个很有人情味的名字——"守望相助队"。

六　我在石冈安了家

第一个驻扎的地方——石冈让卢思岳产生了很深的感情。1999 年进驻之初，由于基金会在台北，卢思岳一个礼拜只能在石冈住上两三天。城市的推力和乡村的拉力，来来去去的调研生活和有山有水的乡村风光，让卢思岳萌生了住进石冈的想法。过惯了漂泊生活的他，想给女儿一个安定的家，但他又不喜欢台北：空气污染、夏天太热、停车不方便。而且，在城市里，由于父母都要上班，双薪家庭的孩子们都会自带钥匙，放学后都是自己回家，自己拿钥匙开门，自己去买吃的，甚至有的时候家中都不煮饭。人们称这群孩子"钥匙儿童"。卢思岳说，我不希望我的女儿也变成"钥匙儿童"。

2001 年 10 月，卢思岳带着老婆孩子居家搬到了石冈，在石冈正式定居下来。那个时候还没有买房子，卢思岳一家就住在工作站里。2005 年初，新房子终于盖好了，卢思岳一家结束了租房的生活，搬进了自己在石冈的家。女儿上小学的时候都是步行在乡间的小路上，到了四年级才骑自行车。在乡间快快乐乐地成长，去牧场喂羊群，这才是卢思岳想给女儿的童年。

七 石冈社造硕果累累

社区营造的进程虽然缓慢，但却是一步一个脚印，走得十分扎实。经过十多年的努力，石冈的社造也出了很多成果，其中最让卢思岳津津乐道的，是当地性别观念的转变——几届之后，石冈人家园再造协会终于出现了一位女性理事长。

华人社会重男轻女观念较重，人们总说"男主外女主内"，男性抛头露面、外出挣钱养家，而女性则应该把主要的精力放在照顾家庭上面。所以，当理事长，管理公共事务，理应是男性的事情。卢思岳刚来的时候，发现每次开会，擦桌子、煮茶水、倒烟灰缸的都是女性，而与会者却是清一色的男性。他很想改变这种现状，希望人们能够多多推举女性参与公共事务。然而，万事开头难，卢思岳第一次推女性代表就失败了。当时土牛村为商讨刘家宗祠伙房震后如何重建而成立了重建推动委员会，卢思岳请他们推女性代表，可是一出来开会，到场的依旧是清一色的男性。

于是，卢思岳决定要亲力推动。2001 年合作社成立的时候，有个女性的理监事。2003 年，卢思岳自己成立了协会，就开始有意安排女性担任理事。水梨行销成功之后，人们开始意识到女性在社会舞台上的作用。透过这些改变，人们发现女性也可以做一些事情，慢慢地，人们的观念发生了转变。水梨合作社的三个妈妈当选理监事。12 年之后，在 2011 年第五届选举上，石冈人协会终于选出了第一位女性理事长——陈碧雪。

相比于社会运动，社造出成果是缓慢的。但就观念的转变而言，十年，已经是一个很惊人的速度了。这也正是卢思岳的骄傲，他说，"用训诲的不一定能改变，我们透过一件一件事来实践，扭转了重男轻女的观念……用这件事来看就知道社区营造跟社会运动不一样的地方，它是温和的、宁静的，但最后还是有很大的收获。"

八　社造经验的传递——从授人以鱼到授人以渔

地震之后，台湾出现了很多协会，如农委福利协会、生态展览协会等。卢思岳觉得社造的经验值得沟通和交流，值得传递给更多的社区，于是他萌发了成立社造联盟的想法。卢思岳说："我们做的是一般单一社区比较没办法做，或者不能做的，我们去补足。"

社区营造中心最初是从重建区开始设立的，由重建委员会的其中一个部委——"文化部"负责。"文化部"（"文建会"改制而成）就先在台南、台中、台北和南投等地设了四个重建区。2003 年 7 月，全台湾设立了四个社区平台开始实验，这便是台湾社区重建协会的基础。过了一年，有一些县市就开始学习和模仿，比如云林县就成立了云林县社区营造中心。而到了第二年的时候，所有的县市都成立了这些营造中心。看着这些营造中心的工作慢慢走上正轨，到了第三年，卢思岳只辅导了一段时间便离开了。到了现在，就连有些镇也成立了营造中心。这就是社区营造的作用——授人以渔，慢慢地扎根下去，通过游说和谈判，影响政府的政策，让地方政府开始参与。卢思岳说，因为民间走在前面，身处第一线，实务的工作者们知道所在社区的需求在哪里、知道特色在哪里、知道应该怎么做。所以政府一定要放开心胸，有一部分要跟民间学习，要接受民间的建言。

2003 年底，卢思岳成立了吾乡工作坊，当时他还是台湾社区重建协会的理事长。因为理事长任届已满，而社区营造方兴未艾，于是，卢思岳就成立了此机构，接政府部门的一些项目。

卢思岳并没有满足于这些成就。从 20 世纪 90 年代中期开始，做了台湾的社区营造十几年之后，卢思岳和其他社造人看到了它的局限性——虽然关心故乡是社造的出发点，可是，现在社会的流通互动那么密切，大家各自只管自己的事是不可能的。卢思岳觉得社造做到一定阶段，初步成熟之后，就要开始关注公共议题。

2006 年，卢思岳联合了台湾的四个地区社区营造组织的秘书处（他们恰好都是专业团队，北区的星火燎原工作室、中区的吾乡工作坊、南区的高雄市公共事务管理学会和东区的仰山文教基金会）成立了台湾社造联盟（缩写为 TC）。他们给联盟设计的标志是一朵喇叭花，意在"发出我们社区的声音"。社造联盟的规模之大，一开始就是一两百个社区串联。台湾社造联盟有两种会员，一种是团体会员，另一种是个人会员。团体会员包括石冈人、吾乡工作坊、星火燎原工作室、高雄市工作社区；个人会员几乎都是社区的理事长、总干事。

卢思岳希望通过社区营造，实现社会改造，最终走向社会和谐，

台湾社造联盟在 2006 年 7 月于南投中兴新村举办成立大会。当天共有八百多位社区伙伴到场，代表了二百多个社区的集结。图为成立大会的现场，正中位置的图案即为社造联盟的标志。(图片来源社造联盟网站)

变街头冲突为人的改造。为了实现这份理想，台湾社造联盟办过两届社造领袖学院，招募那些更有自觉意识的、希望通过更进一步的学习把社造影响扩大的学员，通过授课，丰富他们的知识，开阔他们的视野。为了保证社区的独立性，联盟不接受政府部门的补助，而是采取募款的方式，执行的方式是通过办社造领袖学院、社造大奖赛等。

　　社造领袖学院的老师，请来的都是社区的领导干部。他们不讲授怎么做文史调查等太过技巧的内容，而是讲节能减碳在社区怎么实践、社造如何经营、领导力等很接地气的话题，具有极强的实际可操作性和可复制性。在台中市社区营造中心讲课的辅导老师，都是资深的社区干部——有的甚至是从理事长退下来的。因为有过在社区一线工作的经历，做得比较资深，比较成熟，他们就把他们的想法整合、提炼，把他们的经验和理念传递给更多有心发展社造的人。渐渐地，越来越多领域的专家开始加入到辅导培训工作之中，有环境的、景观的、建筑的、生态的、特有动物保护的。总而言之，社区营造要建立的是一个机制，一个辅导和孵化社区营造推动者的平台。

在这个过程中，卢思岳一直坚持"只辅导不代理"的理念。为了避免学员和协会对联盟产生依赖，卢思岳和他的团队只发挥陪伴、培训、辅导，协助他们完成自己的事情。

星星之火可以燎原。在卢思岳和同事们的努力之下，很多学员通过实际操作，不仅在自己的家乡实现了社区营造，还积累了一定的经验，走上了讲坛，反哺更多的人。例如，桃米村的钟云暖，就主讲开展生态调查、构建生态社区。廖镇义原来是村长，地震救灾冲在第一线，在村中有着很高的威望，但他放弃了连任的机会。随后，他开始接触社区营造，在听了上千小时的课之后，他把想法付诸实践，创办了农委福利协会，重点关注老人送餐等社区福利和社区照顾。他说，现在他要把他们村变成养生村。现在，他也开始到处讲课，偏重的就是他所擅长的社会福利这块，把他的实践经验告诉别人，把社造的希望传递下去。

社区营造方兴未艾。在台湾，社区营造采取的是政府购买社会组织专业服务的形式——政府采购吾乡工作坊、星火燎原工作室、社区营造学会、台湾社区重建协会等专业的培训团队，进入社区进行培力和指导。有人担心，"在地培力"的实现会让社造工作者无事可做。卢老师笑着说："不会啦，我们现在更忙！"因为社区营造的兴起，越来越多的社区产生了自我发展的需求，使得卢老师这样的专业培训团队显得尤为重要。

【我眼中的社区营造】

社区营造立足于社区，关注人的改造，但往更大的方面来看，它是社会改造的排头兵。我们从小在"修身齐家治国平天下"的背景下长大，但"修身"是个人的，"齐家"是家庭的，而"治国"是国家层面的，在我看来，"齐家"和"治国"之间少了一块——地方公共领域，也就是社区营造。虽然缓慢，但是那个成效是扎根的，很深远的。它在培养社区公民，没有社会公民，就不会有社会和谐，先从你自己的土地、周边来关心起，关注自己居住的社区和故乡，然后你才会去关心重大议题。我希望大家可以突破华人社会的限制，开始关心地方公共议题。

我的这份用心，从"社造联盟"的名字中也可见一斑。我们为什么不叫台湾社区营造联盟？不叫台湾社区营造协会？因为这是一个伏笔，因为我们的宗旨就是社造，它既是社区营造，也是社会改造。我们希望我们的社区不是只关心自己那一小块地方，也不是单一地做文史调查，而是慢慢做好了自己的故乡，就要开始关心社会的议题，最终从社区公民中走出来，迈向整个社会。在2008年发表的台湾社造宣言中，标榜的精神，就是让社造成为公民运动，社造成为民主运动，社造成为社区运动。

我的理想慢慢得到了实现。现在，联盟对很多公共议题也有了意见。比如，我们站在社区工作人员的角度来看"核四"① 要不要建设。"核四"的问题不是单一的，应该通过这个问题认识怎么面对台湾社会的未来。

民主有很多形式，单一式民主是其中一种，通过的是单一的议员或者立委；直接民主是第二种，就是公民投票，不透过单一的议员或者立委。单一制民主的缺陷现已被越来越多的人所认识到，但我认为，公民投票也有它的问题——容易被政治操作。所以社区营造是第三种民主，我把它叫作"民间革命"。因为它不搞投票，不是简单的"数人头"，而是遵循"参与越深越有发言权"的原则。社区营造关注很多不同的议题，正是通过这些公民参与的行动，来累积社会的进步。

我把台湾的社造一分为二。第一个十年，是摸着石头过河的十年，台湾从戒严时期走入解除戒严时期，从威权统治转化成了民主运动，那个时期有很多抗争。社会运动时期大概是在 20 世纪 80 年代到 20 世纪 90 年代达到高峰，当时有很多环保、劳工、农村等各种议题都被提出来，产生诸多社会冲撞，但是这个时期，社区营造的议题也被提了出来，社区的概念慢慢形成，参与者的数量慢慢扩增，技巧慢慢成熟，总体操作开始面向多元化。社区营造也得到了当局的支持，从"文化部"到"环保署"再到"卫生署"的家庭计划……据 2005 年台湾

---

① "核四"是指台湾本岛内的第 4 座核能发电厂，位于台湾北部新北市贡寮区。"核四"自 20 世纪 80 年代初次提出兴建计划，至今尚未建成运转，已成为台湾史上延宕最久的公共工程。近年，台湾各方围绕"核四"问题进行激烈博弈。2013 年和 2014 年台湾都爆发了大规模的反核四游行。

"行政院"的统计，当时有 13 个部委，60 项子计划是与社区营造有关的。

第二个十年，社会运动不再蓬勃，而社会营造方兴未艾。这一阶段，人们开始关心地区公共领域，从自己的社区开始关心，再关心自己的城市，再来关心整个台湾社会。

【送给致力于社区营造的工作者们】

社区营造只是一种手段，其目的在于营造一种习惯、营造一群人。我们办文化活动，办社区文史调查，办社区报都是营造，我们要改变的是人。社区营造没有退休，社区营造要走多久也不得而知。也许几十年，也许更久。可能有一些成果是我们这一代看不到的，但是我们至少可以看到的是，社会在不断地前进，在不断地进步。

中壮辈可以成为社造的中坚力量。台湾地区和大陆都有很多这样的人：年纪稍大一些、事业基础比较稳定了，或者五十几岁就退休了，他们正当壮年，历练、经验、智慧是最丰富的，精力也很够，他们往往是社区营造最重要的领导人。所以，我们不要局限自己的思维，以为社造主要依靠的就是"386199 部队"（"38"指妇女、"61"指儿童、"99"指老人）。不可否认，"386199 部队"里面也有很聪明的、可以当领导的人，比如，老人家里面那些有威望有策略有号召力的；或是妇女，我们培养出的很多社区组织的理事长都是女性。但是我们不应该忽视青壮辈的力量。

廖嘉展

新故乡文教基金会董事长

1986 年举家到了埔里，深感自然情怀及人情温暖。

1999 年 2 月成立新故乡文教基金会，同年 9 月大地震重创埔里。

灾后全心投入重建，在各方资助及全员努力下，

打造出桃米生态社区，点亮台湾生态观光。

在重建近尾声，资源渐收之际他们重新思考如何永续经营，不断

推陈出新。

正因为爱着这片土地，他才能以生活者的角度检视并共同承担

这片土地的发展。

第三篇

廖嘉展：

新故乡之路

（廖嘉展已是大陆许多返乡青年进行社会创新、乡土再造的行动偶像，他就如照片中传递的姿态一样：乐观、谦恭，深耕生活、收获希望。图片来源于网络）

时至今日，在台湾谈起社区营造，大家必谈的是埔里镇的桃米村和新故乡文教基金会。创立这个基金会的廖嘉展先生也为两岸公益界人士所熟知。他在都市中做过记者、写过书，但最终他将事业和生活落脚在了台湾中部的一个镇子里，一步一印记地在营造新故乡之路上前行——从初期办文史记录类的杂志挖掘地方魅力到"9·21"震后带领团队投入重建激发社区活力；再到成立新故乡见学园区尝试用社会企业的运营方式补养社区发展；如今他与同仁放眼大埔里，联结各方力量探索新式的地方治理模式。廖嘉展用二十多年的坚持让我们看到一名知识分子"勤奋联结底层社区"的社会担当与广大农村生生不灭的希望。

一　从都市到乡下——青年知识分子重返乡土

　　1986年，学习新闻专业的廖嘉展从大学毕业正式走向社会，他的思维深刻而敏锐，再加上历史赋予的特殊时代背景，让24岁的廖嘉展有了无穷的热血和冲劲。时值台湾的各种社会力量经历了社会剧烈转型后，由于被长期压抑，突然找到宣泄口一时地爆发，诸如环境、劳工、农民、妇女、无住房者及其他社会运动力量与组织迅速地发展起来，这也从另一面充分体现了台湾蓬勃的社会活力。然而民主并不是短期内可实现的，社会的良性改变也不是一蹴而就的，街头运动之后人们可以做什么？社会应该怎么样变化？这些疑问曾存在于诸多台湾街头运动者的脑中，同时也是社会改造期需要所有人共同面对的问题。这一年，廖嘉展先生来到《人间》杂志做了社会记者，《人间》杂志是以摄影和报道文学的方式来观察战后台湾政治、经济、社会及环境发展的杂志。这恰好为他提供了审视社会的良好机遇。他通过《人间》杂志亲自深入到民众生产生活的现场，通过笔端揭示了台湾在战后发生的深刻变化。长期的记者工作也让他认识到社会的改良是多么地困难，这其中包含着政策的制定和落实，涉及行政机构跨部会的衔接整合，依靠着民众的自觉和非政府组织角色的扮演等。《人间》杂志1989年停刊后，廖嘉展携同家人离开台北来到了台湾中部的埔里镇，然而他心中思考的仍是在《人间》杂志期间他所挂念的问题：既然社会大环境难以在一时改变，那是否可以从"社区"这一社会基层组织着手做一些有益于民众的事情。

将生活和工作重心从台北转移到埔里镇被廖嘉展看成是他开展社区营造事业的第一个阶段。但是当时的他并没有意识到自己是在开展关于社区营造的事，当时政府也还没有大力推动类似的事情，这只不过是廖嘉展经过对台湾社会存在的问题进行反思后，对自己所要从事的社会事业的思路探索。他对在埔里的生活最初的打算是打造一个可以长期进行报道文学采访和写作的基地。1994~1996年期间，嘉义新港文教基金会邀请廖嘉展编制基金会1987年以来的社造历程，他便常驻新港全身心地投入了创作。这段时间对廖嘉展来说是一段很重要的学习经历，他看到了新港在基金会的导引下卷起的影响巨大的社区改良现象——当时台湾的农村到处是大家乐式的赌博及色情表演，对儿童教育和地方风气产生了很大的负面影响，新港当然也不例外，但新港的基金会从社区营造的角度出发，找来艺术家和各种文艺团体，将真正的文化和艺术表演进行引进、拓展，使小朋友们自动脱离了色情表演的活动，这一个过程吸引了很多民众参与，给予了新港居民足够多的信心。在本地居民与外界进行文化和艺术交流的过程中，很多人掌握了更多的技能，比如照顾老人、儿童艺术、环保等。廖嘉展看到了新港在基金会的带动下产生的巨大变化，他认识到其中的关键之处在于这个基于社区的社会组织带动了更多的义工参与，而不是仅仅依靠基金会内部的几名员工。他意识到，一个非营利性组织（NPO）在例如新港这样的小地方生根发芽，它定然是能够合理地整合当地各种不同的资源，然后利用资源具体地去做一些贡献社区的事情，将社区改良后再影响整个社会。廖嘉展在学习、观察和参与新港文教基金会的社区营造工作后最大的感悟就是"翻转未来，勤奋连结底层社区"。1996 年，廖嘉展《老镇新生——新港的故事》一书出版发行，他拨清眼前的迷雾，清晰地看到自己即将要走的路——以文教基金会的方式参与到社会的改良之中。于是，他再一次举家回到埔里镇，开始了成立基金会的构想。

时值社区总体营造的政策在台湾推行得风生水起，"新埔里发展委员会"也在社会各界的支持下成立了，大家都有着埔里成为"花之都、水之乡、酒之郡、健之邑"的愿景。1998 年，为推动和传播社区总体营造经验，台湾社区营造学会拟发行名为《新故乡杂志》的刊物志，被委以编务及发行工作的正是廖嘉展。1999 年 2 月，廖嘉展及其妻子颜新珠女士创立了"财团法人新故乡文教基金会"（简称"新故乡"）以协助《新故乡杂志》的推广发行工作。基金会刚刚成立的时候，廖嘉展夫妇并没有想到他们的事业会在后来壮大到如此程度，他们最初的想法只不过是稳定的工作，可以扎根在一个小地方长期地为社会做一些力所能及的事。当时基金会的规模也很小，仅有一个专职的工作人员，最先是与学校合作一些较小的事情，后来与义工妈妈在一起合作组织一些活动。基金会和附近的一些包括学校在内的团体合作，规划并组织了例如参观茭白笋种植、手工纸厂生产的活动。

没料到在1999年9月，台湾发生了"9·21"大地震，这突来的灾难也改变了廖嘉展之后的生命轨迹。如果没有这场巨大的灾难，廖嘉展与基金会的同仁们还在"小小"的活动之上找寻出路。而之后，协助灾后的社区重建，成为"新故乡"转型的诱因与核心工作。

二 台湾的基层治理概述

"9·21"大地震之后，新故乡受到桃米村里长的邀请，进入社区协助社区重建的工作。在这里我们有必要梳理一下台湾地区基层治理的制度安排，以便读者了解新故乡文教基金会进入桃米村时的地方权力配置情况。

在台湾依据"地方制度法"第三条的规定，乡以内编组为村；镇、县辖市及区以内编组为里。同法第五十九条规定，村（里）置村（里）长一人，受乡（镇、市、区）长之指挥监督，办理村（里）公务及交办事项；由村（里）民依法选举，任期四年，连选得连任。同法第六十条规定，村（里）得召集村（里）民大会或基层建设座谈会；其实施办法，由直辖市、县（市）定之。同法第六十一条规定，村（里）长为无给职，由乡（镇、市、区）公所编列村（里）长事务补助费，其补助项目及标准，以法律定之。依《地方民意代表费用支给及村里长事务补助费补助条例》第七条的规定，村（里）长由乡镇、市、区公所编列村（里）长的事务补助。前项事务补助费，系指文具费、邮电费、水电费及其他因公支出之费用。村（里）长因职务关系，得由乡（镇、市、区）公所编列预算，支应其健康检查费、保险费，其最高标准比照乡（镇、市）民代表会代表。村里长并不具有自治法人资格，"村里办公处"也非行政体系中的正式组织，它只是民政体系管辖下的任务编组。村里组织的功能一方面是辅助政府行政权的行使，另一方面则在推动地方自治工作，以减少政府的负担。村里长虽为无给职，只是领取由乡（镇、市、区）公所编列的村（里）长事务补助费，但依据"公职人员选举罢免法"第二条的规定，村（里）长仍是属于公务系统中的公职人员。

社区发展协会规范"社区发展协会"的母法是"人民团体法"，依据该法第八条的规定，人民团体组织，应由发起人检具申请书、章程草案及发起人名册，向主管机关申请许可。同法第三条则规定其主管机关在全台湾范围为"内政部"；在"直辖市"为"直辖市"政府；在县（市）为县（市）政府。当局为推动社区发展的工作，1968 年由"内政部"正式提出"社区发展工作纲要"，因为阶段性任务的不同，1983 年、1991 年和 1999 年均曾予以修正。社区发展的权责单位是社政课，此与村里长是有所不同的。台湾地方制度规定，"直辖市"、县

（市）、乡（镇、市）为地方自治团体，其应办理自治事项，诸如组织、行政管理、财政、社会服务、教育、文化及体育、环境卫生、营建、交通与观光、公共安全、事业经营与管理等相关事项。

自从1994年"行政院"开始推动社区总体营造以来，社区营造工作就是各级政府的重点工作。"行政院"于2002年提出"新故乡社区营造计划"；2005年4月11日亦核定"台湾健康社区六星计划"，提出以产业发展、社福医疗、社区治安、人文教育、环境景观、环保生态等六大面向作为社区发展的目标。从当局的各项作为可以看出，当局在地方治理上的工作重点即"由上而下"积极的引导及推动社区营造，"由下而上"自行拟定计划，从文化、环保、学习、产业、空间、治安等角度切入，期望能营造社区多样化的生活内涵。

1983年"行政院内政部"将"社区发展工作纲要"修正为"社区发展工作纲领"。此时"社区发展"的定义，由过去强调政府动员，开始转变为：社区居民基于共同的需要，有效地运用各种资源，从事综合建设以提高居民生活质量，并由政府担任行政支持及指导的角色。如此看似人民取得主动权，但事实上政府对社区组织的干预更严格。1991年"内政部"再度修正"社区发展工作纲要"，其中虽然出现了"自动与互助精神"的字眼，但是社区组织及其活动区域仍受限制，且必须配合政府的指导来从事综合建设。此时最大的变革，可能是过去为社会动员机构的"社区理事会"，转变成依据人民团体法所成立的"社区发展协会"，为一具有法人资格权利义务的主体。台湾早期社区发展的工作，主要是为了配合经济的发展，在经济挂帅的年代，较重视硬件设施与物质层次的改善，对于文化、生态环境等议题则较缺乏关注。

20 世纪 90 年代在美国又掀起一股"社区主义"的风潮，Osborne & Gaebler 认为没有任何官僚会比社区居民更了解社区问题，政府机构提供的是服务，而社区提供的是关怀。社区执行服务比专业人士更便宜，比政府机构更有效率，社区居民要求更多的自主权，而政府亦开始将所有权与控制权交回社区。1994 年 10 月 3 日，当时的"文建会"率先提出了"社区总体营造"的概念，试图从文化重建的角度切入，促进居民的自觉与动员，重建人与人、人与环境以及人与社区的和谐关系，进而带动地方社区的全面改造与发展。所谓的"社区总体营造"乃结合了"社区""总体""营造"三个要素，明确表示社区生活是整体不可分割的。居民是社区的主体，社区的问题，就是居民共同的问题，社区问题的解决，需要全体居民共同的参与和讨论，才能找出最合乎居民需求的解决方案。因此，社区总体营造就是居民自发的参与，发挥创意，进行全方位的经营和管理，建立属于自己社区的文化风貌。社区总体营造政策的第一个阶段是从 1994 到 2002 年，此阶段的重点工作为充实乡镇展演设施、辅导县市设立主题展示馆及充实文物馆藏、辅导美化地方文化建筑空间、推动社区文化活动等。

2002 年 5 月 8 日，当时的"行政院"出台启动六年期的台湾发展计划，其中将"新故乡社区营造计划"列为压轴，扮演承先启后的角色，主张人人投入营造自己当下的社区，即不是自己的原乡亦是自己的新故乡。一个好的社区应该具备五个条件：能够自发自主的行动思考；社区人对自己的社区感到光荣；社区居民能紧密地结合成生命共同体；能有共同梦想；还能一起投入共同行动。"行政院"于2005年4月11日核定了"台湾健康社区六星计划"，提出以产业发展、社福医疗、社区治安、人文教育、环境景观、环保生态等六大面向作为社区发展的目标。2006年1月后"行政院长"亲自担任该计划推动委员会召集人，并成立推动小组，以文建会为幕僚机关，整合跨部会资源，积极推动各项计划。"台湾健康社区六星计划"揭示，社区总体营造工作乃为达成"社区主义"的三项主要核心价值：（一）社区乃政府最基础的行政单位，社区具有其主体性与自主性；（二）培养社区自我诠释的意识与解决问题的能力；（三）培育社区营造人才，重视赋能的过程。

在此背景下各县市政府为落实社区总体营造计划的推动与整合，于2000年前后积极鼓励社区总体营造推动及协调工作，"社区发展协会"在社区所扮演的角色，也真正开始落实了。

震前桃米村的社区组织，与台湾多数传统乡村型社区一般，主要是宗教性的寺庙祭祀活动。1997年，桃米里长黄金俊等筹组桃米社区发展协会，并获选为创会理事长，陆续进行社区守望相助队、长寿俱乐部、乐团等多面向的次级组织的创立和运作。但是，这些社区组织间缺乏横向联结，"9·21"大地震前并未形成社区总体营造的共同意识与行动。

三 重建中的历练——"9·21"大地震

桃米社区紧邻着"9·21"大地震的震中，在369户居民中，有

168 户的房屋全部倒塌，另外还有 60 户居民的房屋局部倒塌，房屋受创率达 62%，民众的生命、生产生活以及自然生态遭到了前所未有的重创。灾后必须要重建，但应该怎么来重建？有没有可能走出来一条可持续发展的社区重建方向？这样的议题不断拷问着大家。

当大家正准备要投入工作的时候，包括廖嘉展在内的所有基金会成员都在思考着两个最基本的问题：首先，灾后重建是一项长期和庞大的工作，普通工程一年或者两年就可以结束了，可重建社区不一样，作为重建人员应该有一个长期陪伴的心理准备；其次，灾难之后需要重建的是什么、如何着手、最终要实现什么样的目的是基金会需要考虑的问题，也是让大家形成共识，朝同一个愿景行动的动力，这需要把运动的倡议固化到每一个社区居民的思维和行动之中。如果可以通过社区实践来推进灾后重建工作，廖嘉展认为，那将会让社区重建起来后与众不同，它将拥有自身更多的特色。

之后，新故乡基金会开始了各项工作的具体落实阶段。

一方面是生活重建的工作。基金会成员在灾后去拜访了之前的义工妈妈，在拜访的过程中他们充分体会到了女性的力量。因为先前已经有过互动，义工妈妈们再次见到他们时会相互拥抱，她们也不免会落泪，伤心和失落溢于言表，但互相安慰之后，廖嘉展也慢慢看到展现在她们脸上的笑容。他很受启发，他认为女性更喜欢直接地表露感情，而男性遇到这样大的挫折可能更多的是喝闷酒，表达情感的方式会更含蓄。这时候义工妈妈们已经谈论起她们能为重建家园做些什么事，廖嘉展便和基金会的成员在一些朋友的帮助和支持下成立了一个名为"婆婆妈妈环境工作大队"的团体,工作队在得到政府相应的补助后,有100多位全职义工妈妈参与到了清扫垃圾的工作中——因为震后环境很糟,清扫街道的工作一直持续了大半年的时间,清扫工具是廖嘉展和基金会的朋友捐赠的。在清扫街道的计划结束之后,基金会在埔里镇租了一个三层楼房的活动空间,里面划分了教室、厨房等空间并常设工作人员,在此成立了一个"婆婆妈妈之家"。这里成为震后很多妇女和小孩的"中途之家",他们在这里可以得到临时的心灵休养,也可以通过在教室开设的课程学习到一些专业知识和技能,包括经商技能、工作技能以及人体生理知识和休闲活动等。起初开展这些活动的经费来自于不同渠道的捐款,哪里可以筹到钱,基金会就往哪里申请,因此当时做的更多的是和资源整合相关的工作。

另一方面就是社区营造工作。在社区营造的过程中基金会的愿景是用社区营造的方法直接面对台湾社会的变化,以找到最佳的弥合点和最新的社区治理方式。地震可以毁灭很多人的家园和梦想,但更重要的是如何在绝境中找到机会和出路,廖嘉展的想法就是要挖掘当地资源和力量,在社区里挖掘并放大形成一股无形的力量——大家有了对故乡未来美好生活的想象,以各方合作的方式来帮助地方的发展。

四 后重建时代——长期陪伴

在灾后重建的过程中,经过社区资源的调查,以及与当地社区居民不断地讨论评估,新故乡基金会成员和廖嘉展发现了桃米社区的生态资源非常丰富，其中的蛙类更是独具特色，在台湾 29 种原生蛙类中，桃米社区就发现了 23 种。青蛙在生态系统中具有指标性物种的作用，拥有这么多种类的青蛙，说明此处的生态环境非常好。廖嘉展想，能不能将桃米社区的发展方向定位为生态休闲村，将生态旅游和生态保育结合起来形成一个新的生态型社区产业。

桃米村占地 18 平方公里，人口有 1200 多，地震前就面临着诸多问题，比如产业经济退缩、公共空间简陋、人口结构老化、社会关系疏离等，是一个地地道道的缺乏希望、缺乏生机的老旧社区。地震发生的十几年来，桃米村结合了来自社会、政府、企业、非营利性组织以及其他社区进行了跨领域的合作，从产生共识到愿景塑造，从教育学习到观念改变，再从观念改变到行动实践，引入了生态的伦理和方法，进行有计划的环境优化和体制改造，形成了桃米社区新的人文气息和自信，让传统落后的桃米社区跨越到了一个集生态、休闲、环保的教育基地，并进一步朝着生产、生活、生态的三生一体方向发展。

2000 年 4 月份，在世新大学观光系任职的陈驰吉教授带领着区域活化运筹团队与基金会进行了深度合作；同年 5 月份，南投县集集特有生物研究保育中心的彭国栋等专家老师又协助基金会进行了生态资源的调查。包括其他的一些心理关怀团队等也都是基金会合作的对象，只要专业、技术和关怀重点符合桃米社区的需要，都会受到基金会的欢迎。然而这个时候也产生了新的问题，陈驰吉教授带领的团队更多的是倡导休闲观光，而彭国栋等专家更多规划的是社区生态系统，新故乡基金会将方案折中为生态观光，但双方的路线分歧已经难以弥合，最终基金会只能以强硬措施介入并进行艰难的抉择。彭国栋老师的方案最终被留了下来，彭老师提出的生态村的概念是建构在社区资源的厘清以及差异化分析的定位之上，他提出的多样化发展生态和基金会的发展意愿相契合，同时他坚持在现成的社区里进行发展，而不是凭空创造去开垦新的天地，这也与新故乡基金会关注生活且走生活化路线的方针相契合。

随后就是一群没有经过正规生态教育且缺少生态学历的人在具体的生活细节中学习生态课程了。彭国栋老师将课程进行了巧妙的设计，将每节课的具体内容都带入到生活实践之中，让参与者身有所感，如此一来，大家就可以看到社区文化被优化改良的可能性。然而实际上这种转变并不一定会被更多的人所感悟到——如何让当地居民形成一种合作的机制，并通过相应的策略巩固这种合作机制是难点，他们需要把这整个过程看作是"政治"，如果遇到好的那是幸运，如果遇到坏的那也只能自认倒霉，但总体上不能影响桃米社区长期的稳定和发展。

在社区营造的过程中，每一位社区居民都需要学习，学习如何与他人共事，如何与他人沟通与合作，只有不断提升居民的这些能力才能开拓他们的眼光，从而让他们向前看。其实在最初的阶段居民就应该培养自己经营和被信任的意识，也因此社区的主体性是不可替代的。于是，在第一批讲解员的培训结束之后，基金会便把试运营平台交到了他们的手上，让桃米村社区发展协会来发挥社区的主体作用，让他们自行管理。虽然社区内部很多的困难和争执需要基金会来协调和解决，但基金会还是需要放手（基金会在对社区居民进行教育培训的过程中，将生态游管理工作交到社区发展协会的时间还不足一年）。

廖嘉展一直认为既有的人和能力之间是有很大局限性的，因此导致的是他们的开创性不足。这就决定了不能靠原来的邻里关系去实现社区营造这个事情。也正是认识到这一点，新故乡一直在重视培养中间层的青壮年，慢慢浸润他们的思想、打开他们的思路。

一直以来，新故乡都没有介入村公所或社区发展协会等组织，始终保持着中立的姿态，连选举都从未参加。在台湾的广大乡村中，人际关系以及相关派系之间的关系都很微妙，一不小心就可能引发矛盾，因此新故乡所采取的政治策略就是"绝不出头"，新故乡关注的永远是社区实质的发展及每一个社区个体的能力培养。虽然基金会和社区里各方面的人员都有交往，但绝不会由于某些政治因素而特意地疏远或过分地靠近某些派系与个体。在培育一个团队的过程中，特别是在乡土社会培育一些连带紧密的团队，一定要能够包容，基金会从不会也不愿意花太多时间用在人与人之间的斗争上。新故乡基金会自建立之初就很少会出席社区中原先存在组织的各种会议，廖嘉展认为这可以保证社区有足够的自由参与空间。在如何设置课程方面，基金会内部都有明细的培训规划，当然也有讨论的，对什么样的课程有需求，都要提前和老师、村民进行讨论和研究。在授课的过程中，要求老师知识传授有技巧，要能打动他人，也要根据被培训人员的实际情况难易结合，甚至重复开班授课。在讲解员培训班开讲的时候，大家一起上课，要求所有人一起接受新的知识点。而从第二期开始，参与的人缺乏第一期那些人的"革命情怀"，缺乏社造精神，这个时候需要有新的课程来适应这些人的心理预期。而且需要注意社区营造中资历深的和新加入的群体之间如何去交流，他们之间是有代沟的。社区营造的工作与做化学实验不同，不是在投入后马上就会有效果显示，这需要一个长期的过程……做社区营造的工作，也需要主事者更加聪明一些，一条路遇到难以逾越的障碍时，就应该考虑其他的路径。就像廖嘉展说的那样："有期待但要有等待"。

五　新故乡见学园区——乡村如何动起来

大多社区都摆脱不了项目、建设、基础设施等问题的纠缠。埔里镇的蓝城、桃米、铁山、内埔，还有在9·21地震之后文建会组织重建社区并实施社区总体营造中包含在第二社造中心的其他14个社区，在政府相关部门的帮扶和资助过程中，这些社区都呈现出了蓬勃发展的活力。然而，当政府部门的资助慢慢削减之后，或者是因为社区内部产生的冲突难以化解，或者是因为社区自身发展的动力不足，会出现社区蓬勃发展的活力不再，甚至有的社区出现停止运作的现象。

在经过多次由于资源的问题而出现社区活动停顿之后，很多人会慢慢地发现：问题的关键并不在于硬件资源，更重要的是人们都秉持着什么样的价值观。参与社区营造的人越多，社区发展的动力就越大，而是否有人愿意付出，就决定了社会各界参与社区营造的可能性。和大多社区一样，桃米社区也存在着自身发展的困难，比如社区内部组织能力不足、组织沟通与合作还待加强等，因此在面对外界挑战方面仍有很大压力。如果再考虑上社区遇到的其他各种困境，在9·21地震之后，可显见桃米社区的重建动能是在不断衰退的，在桃米村的社区营造实践中，新故乡基金会的同仁们早在2005年时即发现了这个问题，那究竟应该如何面对呢？

地震之后的社区重建，如果没有发展出一种新的产业，让参与者或是社区的青壮人口有在地就业与在地发展的机会，那么人口还是会继续外流，社区重建将只是昙花一现。这是"新故乡"当初为何会坚持地震之后的社区重建需考虑新的产业发展的原因。那么，社区及民间组织，有没有可能透过什么模式，形成一种互相之间的支持及合作系统，透过互助去形成网络关系，让社区、非营利组织、产业及有意愿发展的个人结合，并将这种合作产业化，最后成为"社会企业"，让社会企业的在地化实践成为可能。这点，是廖嘉展在这一阶段从事社区营造的思考主轴。"新故乡社区见学园区"也就在此想法下孕育而生。

2005年，新故乡修改了组织章程，设立了"新故乡文教基金会附设社区见学中心"，希望可以以桃米社区为基地，结合附近区域的资源，形成社区见学网络，让当地的人对自己的文化及生态环境认同之下，有自信地与外来的人交流；同时，也希望外来的游客能以体验学习的心情，尊重当地的历史文化和生态环境，双方在平等及互相尊重的状况下，展开价值与价格的交流，互补所需，在情感上促进在地人的认同，在经济上活络内需市场，开启"9·21"地震社区重建的可持续发展。

"9·21"地震发生之后，有一些日本的朋友常常会来到桃米村进行参观考察，而廖嘉展夫妇往往也会被邀请成为参加灾后重建研讨活动的对象。2005年，廖嘉展被邀请参加阪神地震的十周年纪念活动，在活动中他得知由知名建筑师坂茂为神户鹰取教会设计建造的纸教堂由于已经完成了慰藉当地灾民的职责，因而即将被拆除的消息，便征询日本朋友是否有可能将纸教堂拆迁至台湾。因此，在日本朋友的欣然应允的前提下，纸教堂随后便落户到了桃米社区，这样一场看似不可完成的跨海拆建行动最终得以达成正是爱心传递下的因缘际会。

纸教堂在从日本拆除之前，实际上也不仅仅限于发挥教堂的功能，更重要的是它所拥有的社会性。它除了是教会的礼拜场所外，在其他时间也可以提供给社区举办展览会、研讨会、记者会等活动，实际上作为公共空间凝聚社区共识已经成为其主要属性。

自纸教堂拆迁至位于桃米村的新故乡见学园区内之后，廖嘉展一直期望着降低其宗教属性，而在实际的活动过程中，纸教堂得到了基督教和天主教两个教派的支持，台湾总教会也来这里举行过宗教仪式，即表示了宗教界对廖嘉展及新故乡的支持。同时廖嘉展也希望透过跨宗教的一种认同，把机会提供给各种不同的宗教的人，让他们在这里获得属于自己的精神活动和仪式。廖嘉展非常重视这样的理念，把各种宗教对人、对世界的爱在新故乡见学园区里进行充分地展示，传达的是宗教对世人关爱的一种精神，而不仅仅是经营一个宗教活动的场所。因此，对廖嘉展和新故乡基金会来说，纸教堂落户到台湾并不是要把它定位成一个宗教活动的空间，而是定位成具有社会属性的文化和艺术传播中心。如此一来，纸教堂就可以吸引更多的人参与到社区营造中来，如果纸教堂只是某一种教会的教堂，来的人数定然就会大幅度的缩减。

如今，纸教堂已声名远播，它成为台湾与大陆及其他受震灾的国家或地区一个非常重要的灾后重建交流平台。纸教堂也成大埔里整个区域重要的发展建构中心，以后也还将向外延不断地拓展。而产业的发展也是重点，来到这里的人同时也带来了产业，带动了大埔里周边的产业，并最终实现了共同发展。原来教堂的功能不断扩大，成为地区居民进行社区参与、文化创造活动的场所，并且起到了观光和地方产业连接点的作用。在整个教堂运营的过程中，新故乡见学园区成为埔里观光发展的灯塔。也在这个灯塔之下，形成更大更新的群聚效应，带动整个地方产业的发展。

新故乡见学园区开园以来，已有近千万级的访客流量。园区采用入园门票抵消费的方式，全票100元新台币，优待票50元新台币，院内设有"纸铺"，销售以埔里特有工艺制成的纸质文创产品以及社区妈妈的手工艺；"Loving"馆则以地方伴手礼、文创商品为主，每月

纸教堂夜景

推出文创产品展；"玛夏佛"轻食区售卖员工自制的甜点、比萨与饮品；生态共和餐厅提供特色料理。见学园区的另一个核心工作是应客户需求安排相关见学行程，包括社区见学观摩、生态社区研习、企业义工日、学校自然教学、环境教育、文艺表演，甚至结婚典礼等活动。

这样的发展对于基金会本身如何从非营利组织转型成社会企业来说非常重要。在面临剧烈变动的时代里，或者说困局中，假如没有办法通过组织可持续的发展，作为社会进步持续陪伴的动力时，最终将被社会所淘汰。廖嘉展与同事们下了很大决心，付出了巨大的努力去做整个园区的经营，希望从中可以助力新故乡文教基金会所做的社会公益，包括文化与产业的提升方面。以纸教堂所在的新故乡见学园区为基地，桃米已经成为社区营造、灾后重建、环境教育、建筑景观、文化创意产业、文艺演出、社会组织经验交流等的平台。

六 亦有风雨亦有晴

廖嘉展一直清楚地坚守基金会要有一个让在这边工作的同仁能认

同的愿景，这是一个很重要的关键。因为毕竟基金会不是营利组织，无法用钱去解决很多的问题。廖嘉展最大的想法是让同仁们知道为什么有这个基金会的存在，这个基金会的存在是为谁存在。他希望同仁了解，他们以社区营造作为一个地方重建的平台，这种区域的治理与发展，就是他们一个最重要的核心使命，这个基金会本身就是在做社区营造。新故乡所做的社区营造现在已经不是仅限在桃米，而是要实现一种区域的参与式的共同治理的模式，所以他想让更多人看到这整个地方新的发展的可能性。他很在乎这样的一个理想是不是能够让工作在这里的人都了解、内化，是不是终有一刻他们可以体悟到原来在这工作不只是为了自己，是为了整个大的埔里区块，或者是为了台湾的可持续发展在做努力。

另外，这些中间层的干部的培养，他认为也是非常重要的。因为基金会的长期发展不可能只靠他与夫人颜新珠四处奔劳。刚开始的前一年半夫妻二人确实是很累的，当基金会内部的干部群还没有培育成熟的时候，夫妻二人大概每天都要守在这个地方。慢慢他们就把人训练出来，找到好的人才，夫妻二人也就可以从日常管理中脱身出来，考虑更多未来发展规划，并有充足的机会与业内同仁交流经验。那么如何才能培养出人才呢？廖嘉展说："第一是这个基金会要有魅力，因为这种魅力，他能知道你想要做什么样的事情，他自然找到那个'共振'的频率，他会进来，这是一个很重要的关键。第二个是要给你的中间层的干部以个别的舞台，因为这个地方对他们来讲，说大不大，说小不小，要让他们觉得这里是一个很适合个人能力展现的地方。如果说中层干部的养成，我觉得到现在看来一直是稳定的。我要先找到很适当的社区工作干部，他们再去带下面的人，人才的养成是新故乡基金会一个非常重要的关键。我们把这个园区所赚来的钱，尽量投资在人才的培育。不管他以后在什么地方工作，或者是做自己的事业，他想有社区营造的观念对于整个社会的发展来讲都是非常正向的，所以我们一直在做人才培育的工作，这是很重要的。其他的话我想如果说得更细致一点的话，就是如何进行园区运营工作，因为像我们这样一个园区有它的故事性，还有它的在地性与整个社造的精神为取向，它不同于游乐区。游乐区进去很虚华，是感官刺激，但是你来这边是完全不一样的，你所看到的是一个生态环境的美学，你感受到的大概就跟游乐区那种商业的模式是完全不同的。我们如何长期地用这样一个特别的风格去吸引人家，以至于让这里的营运的业绩不会往下掉，这是一个很大的挑战。"

　　因为非营利组织本身就没有什么资本，当它要筹措一个更大资本去投资的时候，这里其实存在很多的不确定性与风险，所以一般人要做这样一种转型尝试的话，其实是不容易的事情。但是对于廖嘉展他们来讲，在做决策的过程里，他们大概凭一种对社区发展周期的直觉，比如说基金会要不要转型这一件事情，2005 年他就已经决定这个事情了，但是当时决定是否开始操作这个事情的时候，整个法制层面面临着转型：基金会要修改组织章程，要跟政府报备。其实在 2005 年之前廖嘉展就开始做研究，进行法令上的探讨和理解，做了很多类似这样的事情。坦白讲谁都没有的经验，谁都不敢跟保证会成还是不成，因为这个经验在台湾来讲也是唯一的经验，所以廖嘉展凭着一种直觉在跑，也就是说觉得方向该是这样，就闷头就往那个方向跑。但直觉对了而现实可行性是不是对了也很难讲，不过做了之后廖嘉展欣慰地发现有很多人帮忙，包括那时候的"9·21重建基金会"，该基金会的很多董事以及社会各界的朋友，给了新故乡文教基金会很多实质性的支持。不过廖嘉展在初期资金的筹募方面依然有遇到一些瓶颈，有资金进不来的压力。因为，那时候大家在观望说到底要不要投资呢，要不要把钱借给新故乡文教基金会？所以，在此透露给大家，廖嘉展夫妇的新故乡文教基金会准备转型进行社会企业的探索时，基金会里没有任何预算，他们是借钱向前闯。最初借了490万新台币就开始筹备见学园区，490万用完以后他们有一个纸教堂立柱的仪式，当时"9·21重建基金会"的执行长谢老师前来参加，看过后觉得很感动，他觉得这个事情和这群人应该是值得协助的，所以"9·21重建基金会"给廖嘉展先后两次共计1400万新台币（约合人民币280万元）的补助款。也因为有这份补助款，整个见学园区的工程就很顺利开展了。虽然到最后他们总共有920万新台币（约合人民币184万元）的借款，但因为有良好的社会声誉与执行力，这些借款对于他们来讲，并没有造成转型过程里的危机。直至2014年，廖嘉展带领新故乡的同仁们还清了所有借款，新故乡见学园区走上了收支平衡之路。

那么目前新故乡有没有面临什么问题呢？廖嘉展坦然表示，其实在过程中是一直存在问题的，如政府资源"断炊"、社区过度依赖外

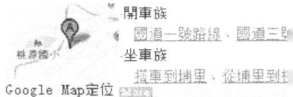
新故乡见学园区的宣传网站

界组织、组织内有路线分歧、社区内有内部利益纷争。新故乡可以做的是适度协助，但是不能完全控制，因此在此中拿捏事务的轻重就很重要。遇到什么问题，大家想到的就是共议，逐步建成一种达成共识的体系。社区就是生活，回到生活里大家就有一种关怀、互助，每个人还可以在其中找到点点成就。社区里的居民体会到这种力也会运用这种力，让他们享受这里的光、这里的风和这里的土，让他们安得下心，这就足以。

七　小地方到大社会

埔里镇的大环境已经相当好了，这里的山水有一种温婉的美感，非常适于居住。除此之外，廖嘉展更珍惜的是这里的人文环境，在事业一步步向前发展的过程中，他结识了更多的好朋友。如何运用新故里基金会的人力、资源让有价值的人才和非营利组织留在这里，形成一些新的团体，并以一种共创的模式赢得社区的发展呢？廖嘉展认为每一个处于如此环境的人都有其自身存在的价值和意义，或者说在台湾当前动荡的大环境中，埔里镇这样的小地方有如此稳定的局面非常重要，这里可以长续永久地发展，并为整个台湾社会推出进一步的社区营造政策起到促进作用。那么，如何连接这些有生命力的、无序的点，让其转化为社会进步的动力源泉？怎样聚合小的力量而成为一个大的合力？如果说新故乡基金会可以通过某一种方法或者模式实现这种发展理念，那么整个台湾自然也是可以的。尤其在政府资源不断削弱的前提下，民间资源应整合到一起（当然也包括将政府资源整合进来），以民间的力量做成一些事，最终推动整个台湾的发展。

廖嘉展和他在埔里镇结识的很多朋友一直在思考着如何复兴埔里镇的蝴蝶经济，即面对埔里的发展，是否可以将一个生态社区扩展成为一个生态城镇？是否可以利用桃米的力量，经过扩散宣传后影响整个埔里的公共治理模式？2011 年时经过与多位朋友的合作努力，廖嘉展找到了"蝴蝶"这一更加令人兴奋的发展元素。经过调查，埔里拥有超过 220 个种类的蝴蝶。于是，复兴蝴蝶经济成为了目的，在营造不同形式的蝴蝶栖息地之后，更多漂亮的蝴蝶来到了他们的身边，一种柔和、美好、生态的全新式体验让人的心灵也变得似乎柔软了起来。埔里镇的发展有了更多的期待，本地传统文化元素经过地方青壮年的创意设计后成为新的元素，整个城镇的历史将成为创意的源泉，整个城镇的文化将发生重大的改变，整个城镇的氛围将变得更加有人情味。

在由小地方到更大范围的地区发展策略思考中，他总结出了一套理论概念——揉转效应。文化认同所带来的社区共赢揉转效应以一个地方共同发展的愿景，来揉合各种不同相关利益者，以此打破既有的利害关系，让大家一起为共同的愿景去打拼，且在有实质的效益后，卷起更大的参与，扩大影响，自然形成地方的质变。而这质变，不完全以经济的获利为依归，它更是生态、生计与生活的共同体现，同时也满足了参与者的生命价值的实践，是地方可以持续发展的关键。这种组织或社群觉察、学习与实践的过程，成为社会发展的动能，廖嘉展称它为"揉转效应"。廖嘉展与诸多有心耕耘大埔里地区的社区营造工作者希望通过地方资源利用和经济发展模式，去建构整个社区的主体性，形成这股进步的力量。建立主体性不是很快可以达到的，需要大家在不同愿景实施的路途中凝聚起来。这意味着愿意放弃个人利害关系，并融入有愿景的生活中，开启新的发展模式。这种带有"揉转效应"的发展模式，它将揉合转化为一种新的社会动能。在他看来也只有这样，才有机会大家共同面对如此巨变的社会，享受到来自社会进步的红利。他所做的就是在有限的范围内，寻找可持续发展的机会，让每一个人在人和环境共赢中有更大的幸福感。

廖嘉展希望"后桃米时代"他可以参与更多埔里的事务，支持这个地区的弱势群体。在社区中做事是要慢，但是方向要准确的。社区的概念并不是仅限于一个聚落那么狭隘，这样会限制他们所做的事情。新故乡的一个重要方向就是建立其民间互助网络系统。

其实他们现在在做的就是这样一件事情，这意味着社造工作并不是只在一个小小的点上，而是一种在比较大的面向之下各种不同社群的一种新的组构能力，通过这种新社群的组构去形成一种新的进步的合作关系，以至于带动整个社会的发展。不管是在台湾地区还是大陆这都是非常关键的社会发展之道——不是只靠政府的力量，而是通过一种协同治理机制，整合并利用民间的力量，甚至民间的力量来主导，成为整个社会进步的力量，这样的进步才是可以长期持续的。

对了，廖嘉展一家已在桃米置地准备建屋，即将成为真正的桃米人。

他在社交网络上写下了这样一段话："1999 年 9·21 大地震之后，新故乡投入灾后重建，从桃米青蛙村到埔里、蝴蝶镇，虽未臻理想，但也有所成就，跨社群协力治理的生态城镇愿景，已获得众多镇民的认同。"足矣。

【我眼中的社区营造】

社区营造就是大家在一个共同生活的空间里面，如何合力建构一片生存空间的情感与认同的过程。那么在这样的过程中，使得居民开始愿意为它做一点事情，长久下去，大家所生存的空间，才有机会往更好的方向去发展。如果说大家可以这样做的话，整个地方是会不一样，所以社区应是透过在地人的自觉、反省与实践去创造一个地方的未来。

【送给致力于社区营造的工作者们】

社区营造并不是在做"革命"的事情，而是革新的事情，它逐渐会让人心开始有一些转变。当这些人的心开始有一些转变后，我们社区营造工作者可以透过大家实际在参与过程里面的感动，去激发人们参与公共事务的热情与社会价值观的改变。所以我们要尝试着让政府部门、参与的居民等人去理解我们共同在做的这件事是可以促进社会进步的一种工作模式。这样的工作模式假设各方有默契与互相支持的话，其实就有机会去面对社会的实际问题，去解决社会的矛盾。这样的话这个社会就会看起来很活泼、有朝气，而且有一种希望。当这种希望可以出来的话，大家对自己脚下的土地有了一种新的认同、对身边的人也会有新的信任和付出。我比较倾向用社区营造的方式让人在这个过程里去面对他的生存的问题、环境的问题……政府也在这个过程里适当给予支援，以至于说人在这样一个过程里面，他能够找到一个新的生存价值与目的。他可以去面对问题解决问题，动手创造出一种新的生活的模式。

　　回想起来，假如我没有投入社区营造的话，我一定会后悔。因为这个事情是提升整个社会民众素质的最重要的方法之一。当社区营造这种带有理想性的愿景透过每个个体，让他们去面对自己的社区、故乡，去发现、解决问题，不管是产业的、生态的还是文化的发展等，他们都可以在共同发展的行动之下产生出社会力量。所以当大家在共同处理社区的发展问题的时候，其实是全民素质在提升的表现。

　　年轻人们，在社造这条路上就不要害怕吧！人生的路都是自己选择的，都是自己创造的，不要为自己做太多的设想说"哎呀！那个不可能，那个很困难啦"，我觉得现在重新来看自己的话，那时候很多人都觉得不可能的事情，我还是坚持下来了。如果你做出选择的时候并没有恐惧与不安，那么就去做吧！当你越不害怕它的时候，你越有机会去创造一些新的可能性，所以说勇敢地、大胆地去做决定，去面对它，挑战它，克服它，就可以超越它。

　　你还年轻，路就是机会，机会在路上。

王本壮

台湾联合大学建筑学系副教授

客家委员会咨询委员

台湾社区一家协进会理事

台湾社区培力学会理事长

台湾社区营造学会理事

2005 年起担任社区一家的评审委员，

2010 年接手策划社区一家审核机制，

2015 年继续为社区一家全民社造行动计划担当顾问。

以学者的姿态进入社区多年，从理论跨足实务操作，

拥有多方思维的王本壮老师，在其眼中的企业加入社区营造为何？

实质上及意义上对于台湾社区甚至社会发展又有何帮助？

第四篇

王本壮：
"社区一家"协进营造

（2014 年 10 月，王本壮在信义社区营造研究中心"社区营造书系"新书发布会）

一 "社区一家赞助计划"的诞生

"社区一家赞助计划"诞生于 2004 年，它是由信义房屋 [①] 出资，帮助台湾有志于为社区或居民团体做出些许改变、支持社区实现梦想的一个计划。

2004 年，信义房屋提出，希望在企业社会责任（CSR）里加入一部分内容——用五年的时间捐一亿新台币（约合人民币两千万），每一年投入一定的金额去做一些有益于社区发展的事情。当时他们的思考很纯粹，就是希望通过这样一个赞助计划，去赞助一些有理想或者说对社区有想法的人，能够做一些对社会有益的事情。

因为基于"赞助"的概念，所以在赞助的过程中，信义房屋需要透过一种非商业的运作模式，去避免人们置疑信义房屋做这件事情初衷不够单纯，带有自己的商业目的。所以初期的 2004~2008 年，信义房屋最简单的态度就是——"我要捐钱"。具体的执行则是由一个非营利组织来负责，由他们组织和邀请一些专家学者构成评审团去做这个事情。就这样，这件事情慢慢运作了五年，第一阶段有了一些成果，有一些社区获奖，获得了信义房屋的赞助，开始在各自的社区开

①　台湾的一家房屋中介机构。信义企业集团成立于 1981 年，在全球已拥有近 1500 家直营店，是台湾唯一一家股票上市的房屋中介公司，董事长为周俊吉先生。在考虑到推广信义文化及不动产专业教育的重要性后，信义企业集团先后成立信义文化基金会、台湾政治大学商学院信义不动产研究发展中心及台湾社区一家协进会。"社区一家赞助计划"即由社区一家协进会负责执行。

始做事，也产生了不错的社会影响力。

第一阶段接近尾声的时候，信义房屋对此阶段的活动进行了总结和评估，并决定继续这项赞助计划。于是，他们邀请由台湾联合大学的王本壮老师主持成立的台湾社区培力学会对下一阶段的活动进行规划和指导。作为一位从 2004 年就开始担任此计划评审工作的社区营造专家，王本壮老师对这项赞助计划的运作进程可谓了然于心，通过多方信息他能够判断这是一个纯度很高的企业支持公益的活动，于是他答应了下来。

二 从"赞助"到"幸福行动"

2009 年，第二阶段的赞助计划启动，王本壮老师和台湾社区培力学会全面接手这项工作。通过参与第一阶段的评审，王老师对这项计划有了很多自己的设想，结合实际情况，他对第二阶段的工作进行了很大的调整。

1. 名称的变化

从 2009 年开始，"社区一家赞助计划"改名为"社区一家幸福行动计划"。改"赞助"为"幸福行动"，这背后蕴含着怎样的思想转变？

王老师说，首先，去掉"赞助"二字，是想要进一步弱化企业（即信义房屋）在其中扮演的角色，以及避免因此而引发的一些联想（比如金钱、资源，等等）。"赞助"总是容易给人一种"要资源"的感觉，赞助与受助双方的地位是不平等的，对受助者而言，容易有一种"我们在跟人家要东西"的感觉；而反过来，赞助者则有一种"人家来向我们要东西"的感觉。去掉"赞助"二字，是想要消减这种不对等而产生的不自在的心理状态。

而另一方面，"幸福行动"四个字，则可以让大家更清楚地看到这个计划的目的和初衷，告诉大家：之所以设立这个计划，是希望可以通过大家的"行动"让所在的社区更幸福、让自己的生活更美好。计划的目的是追求幸福，而提案及其后续工作，就是为了这个幸福所采取的行动，"幸福行动这四个字，会变成我们主要的揭示"，王老师说。

此外，通过后文所介绍的评选流程的转变我们还可以发现，新行动计划还有一个隐含的意思，希望变"赞助"为"奖助"，强调"奖励"的概念，这是内部思考的转换。"以往赞助就是说，你未来想做什么，我觉得不错，我就支持你，给你点钱，赞助你。奖助的概念就变为，你之前就要做得不错，我是给你奖励，鼓励你之前已经做得不错的东西，然后再继续做下去。所以到幸福行动奖助的时候，就变成这样的逻辑，你可能对于某些自己已经有了一些构想、想法，这些构想、想法你希望能够把行动实践，所以这个时候，我们想办法找些资源来奖励、补助你这样好的构想，把事情落实下去"，王老师说。

2."共学"和工作坊

除了观念的转变，在第二阶段的过程中，评选的方式方法以及策略也相应地发生了一系列的变化。第一阶段的评审机制，更多地像是一种考试，或者说答辩，教室前面坐着一排评审，提案者依次进入教室，就自己的提案进行答辩。这是一个非常严肃的过程，提案者们在密闭式的空间里过五关斩六将。

通过一对一的沟通交流，提案者可以获得更多意见的回应，但是这种方式的弊端也很明显。一方面，这种密闭式的房间和单独的交流形式，让来自社区的普通百姓压力很大，他们会觉得这种方式"很恐怖"。

另一方面，有考核就意味着有淘汰。在这样的一种模式之下，每一场筛选都需要筛减掉不少有潜力的申请项目。"比如这一年有500份项目申请书的话，我为了这样面对面评，我可能要删掉其中的400份，最后可能只筛选出100份，有机会可以面对面评。"而这400份申请书当中，或许有些项目是很有潜力的，只是因为计划书写得不好而没有被专家学者选中（而相反地，有些项目想法一般但申请书写得很好，就被选了进来）。

为了弥补遗珠之憾，在第二阶段的评审过程中，王老师引入了一个"共学"机制来孵化"金点子"。与以往一申请就意味着要写完整个计划书不同的是，"共学"倡导的是，在申请的时候只需要提出一个简单的构想——"在网上申请，概述自己想要执行的梦想，不超过250字"——即可。这就大大降低了申请者的准入门槛，让更多的人可以来尝试着参与。

社区一家幸福行动计划每年开展一次，"凡年满二十岁，对社区内公众事务具有热忱之个人或民间社团组织"均可参赛，提案者只需在网上写一个简单的构想即可。每年七月底截止报名，八月初公布通过初选的参赛者名单。然后会在八月中下旬和十月中下旬安排两次工作坊。前者为构想学习工作坊，后者为实务交流工作坊。

每次的工作坊一般有一天的时间，按地域分区进行。通过工作坊，参赛者逐渐把自己的构想变成一个可执行的计划。构想学习工作坊结束之后，参赛者需要在九月份提交一份执行计划书，评委们综合工作坊的表现以及计划书的内容（即参赛者的构想）做个评分，选出 50% 的人，进入下一阶段的工作坊。十月的工作坊结束之后，再以类似的方式确定决赛名单。

　　两次工作坊给了参与者相互学习和交流的平台，创造出思维火花碰撞的机会。通过与其他参赛者的交流，参赛者会有很多新的发现：或是觉得自己的想法与某人的不谋而合，从而合并申请；或是看到其他项目的成熟，决定暂时放弃，来年想清楚了再来申请；或是从专家和其他参赛者的讨论中获得启发，完善了自己的想法。工作坊开阔了参赛者的视野，给了他们启迪，大大提高了项目的申请质量，也在一定程度上减轻了评委们的负担。当然，"共学"也不仅是参赛者之间的共同学习，也是评委与参赛者之间相互学习的过程，评审们从参赛者那里获得新的启示，又可以去启发下一届的参赛者。

　　可以看到，两次工作坊的设计拉长了评审的周期，使得参赛者有更多的时间与专家、与其他参赛者进行交流，在讨论的过程中去不断思考、不断学习，碰撞出思维的火花，从而不断完善自己的方案。此外，这样的设计也是想要测试参赛者的决心。一方面，每一个阶段，评审们都可以筛选掉一些欠成熟的提案，或是动机不够纯粹的项目。另一方面，通过不断细化计划的过程，让参赛者自己评估所提项目的可行性，意识到为了实现目标可能需要的困难。

　　3.评分标准

　　除了名称的变化和工作坊的引入，第二阶段的改变还在于分数构成的调整。与以往的评分都是评审说了算不同，第二阶段增加了"提案者自评"与"社区互评"的部分——总分的 100 分里，自评、互评和专家评审的分数大约分别占到了 10%、30% 和 60%[①]。自评，顾名思义，就是参赛者对自己的项目评分；而互评，则是参赛者之间相互评分，参加同一场工作坊的参赛者会被分成几组，互评就是以小组为单位，组内成员间就各自的项目相互评分。

评分标准调整的背后，是王老师对"社区一家幸福行动计划"的思考。"社区一家幸福行动计划"是信义集团出资赞助的一个社区营造计划，他希望大家应该把这笔赞助想象成是一种公共资源，而公共资源就不应该仅仅由评审委员来决定应该怎么分配，所有参与这个计划的参赛者或者单位都应该有发言权，应该由大家共同来决定。这样一来，未获奖的参赛者也不会觉得评审委员不公，而是综合了大家的意见，大家都认为，"你这个项目真的不错，你适合拿这个奖，所以等于是我们共同把这个奖颁给你，奖金颁给你"。王老师表示，现在，社区互评的分数还在调整阶段，约占到总分的 20%~30%，而他希望的是，社区互评的分数比例可以进一步上调，让专业评审的分数只占到其中的 50%~60%。当然，这个过程不可能一蹴而就，需要一点点调整。

4. 决选

经过两次工作坊之后，11 月会组织评审进行决赛，并在 12 月 25 日圣诞节当天凌晨公布。

---

① 具体的比例分配每年稍有不同。

经过初赛和复赛，大概会有25%的参赛者进入到最终的决赛阶段。如果参赛者的构想真的不错，而且也有意愿去做，并且让评委看到参赛者在配合着委员会其他人一起共学的人的建议进行修正，这样的参赛者就很可能进入决赛并得奖。

奖项的设置。经过深思熟虑之后，第二阶段的奖项也发生了一些变化。根据参赛主体的不同，主办方设置了"筑梦个人类""幸福社区类"和"理想社会类"三类组别，每组选出首奖一名（允许空缺）、楷模奖若干名。"筑梦个人类""幸福社区类"和"理想社会类"的首奖可获得的最高奖励金分别为 20 万、50 万和 100 万新台币（分别约合人民币 4 万、10 万和 20 万）。而获得楷模奖的组，根据其实际情况，将分别获得 5~15 万、20~40 万、50~70 万新台币（分别约合人民币 1~3 万、4~8 万、10~14 万）的奖励金。

第二阶段还新增设了"幸福种子奖"，以鼓励那些有着出色构想但计划还不是很成熟的参赛者。种子奖的奖金不多，只有 1 万新台币（约合人民币 2000 元），但却有着非常重要的意义。种子奖是颁给那些构想很好，但其可行性或者实际执行的策略还不是很清楚、准备不是很周全的参赛者。他们的项目很有想法，很有潜力，但是评委还不放心在这个年度就把这类参赛者想要的金额提供给他们，但是因为看中了该项目的潜力，评审们愿意给他们一笔启动资金，让他们先可以去试试，等到明年有了更详细的计划再申请。这就是"种子奖"的寓意所在，觉得某些参赛者是一颗种子，希望用"种子奖"的方式予以鼓励，让种子能够及时发芽。

这样做的另一个好处就是，可以增加更多的得奖单位，让他们感受到支持和鼓励，从而继续努力、不断改进。

5. 社区见学

第二阶段的最后一个变化，是提出了"见学"的概念。"见学"是个舶来词，"见"是看见、"学"指学习，见学合起来就是观察并学习的意思。不同于政府部门的要求，有很多的期中审查、期末审查等，参赛者在获得了信义房屋的赞助以后，并不需要在后续做成果展示，只需要提交一个简单的报告即可。换言之，信义房屋对参赛者如何使用这笔赞助费是完全信任的。

因此评审们就担心，是不是会有一些社区在得奖之后就真的什么都没有去做？于是，在第一阶段的时候，评审委员会设置了一个"访视评鉴"的环节——抽几个社区，评委们一起过去拜访，看社区实际做得怎么样。但是，王老师觉得这么做不太合适，太有审核的意味了。于是在第二阶段，他们从相互学习这个概念出发，把"访视评鉴"变成了"见学"——同样是评委们过去看一看，但名义上从"评鉴"变成了"学习"，同时，评委们也把这个信息开放给周边有兴趣的社区，邀请他们一起去参观。这样一来，被访的单位就不会觉得自己是被考核的，而会有一种自豪感，觉得是在向大家展示自己的成果。这样一来，带有考核意味的访问就变成了一个更加正面的鼓励机制。

在这一系列的配套机制中，评审委员会想传达出的，是信义房屋这样的企业在做公益的时候，对参赛者的一种信任，以及希望大家在项目申请的过程中相互学习、共同决定的一种愿望。以及在获得奖金之后，大家一起来看，来了解参赛者怎么做这个事情，来向其学习和取经。这样一来，从提案到获得奖金以后，参与其中的人们持续地保持着参赛者这个社群的活跃性。

6. 评审方式

第二阶段中，评审团由"社区评审"和"专家评审"两部分构成，每届大约 30 人。为了避免商业操作的嫌疑，这些评审的邀请都是通过王老师的团队来运作的。"我们得通过我们这个团队协助，去帮他们去请来这些专家资源，假如商业机构去聘请的话，这些人会不会愿意来？所以我们利用这样一个平台，告诉他们，这个东西没有任何商业的企图，就是单纯地做一些公益的事情，然后你是这个公益的伙伴，你是里头的一个成员，去帮忙去做这个资源的分配。这样操作相对会比较容易一点点。"王老师说，"信义企业的人不会介入到评审团，所以评审团里的人没有一个是信义现职的员工，或者与信义有任何很明确的商业利益的关系的人。也因此评审团其实基本上不受到所谓的怀疑，他们的立场中立，没有所谓商业性。"

专家评审来自各个学科、各个领域。比如，艺术类、公共管理类、文化类，新闻传播类等都有。而且，除了大学老师，还有公关企业的主管、政府部门退休的领导，等等。在理解社造理念的前提下，他们可以用自己的专长去为申请者出谋划策。以政府部门退休的领导为例，他就可以指点申请者如何在拿到企业的资源之后，与政府部门做结合，以获得更多的支持和帮助。

有意思的是，王老师还邀请了以往做这个计划成效很好的一些社区的负责人来参与评审。这些"社区评审"的比例超过了评委总数的三分之一甚至接近一半。因为他们参与过这项计划从申请到实施的全过程，所以对其中的各项细节都有所了解，也会有很多的经验可以分享，可以给出很多的意见，也可以帮忙判断申请者提出的项目所遭遇的困境及其执行难度。

　　伴随着评审团成员的变化，评审方式也发生了一些转变。最初，经常参加的评审大约有十位，他们用半个月到一个月的时间，巡回全台湾去做评分，把申请项目都看过一遍之后，再综合比较，决定获奖名单。但是，这样评审有两个弊端，一方面，评审们巡回全台湾的所有项目申请点是一件很辛苦的事情；另一方面，因为各个地区发展程度不同，把全台湾的社区放在同一个起跑线上加以评比，对有些地方来讲并不公平。

　　所以，王老师经过思考得出分区评审的设计理念："假如以信义房屋作为一个积极鼓励的话，我们就希望采用地域的比例，用分区的方式，把台湾分成十个区，可能两三个县市（分为）一个区，这样就近过来学习，就近参与活动，就近参与评审……我们要评审就分区评审，所以那个事情是很复杂的，因为我们设计出的过程有几次，评审就变为他参与这个区，他自己的区域他会参与进来，同时还要去跨区域去评审人家的东西，这样一来他同时有自己区的经验，也有跨区的经验。之后我们再把所有评审聚集在一起，开一个全部的评审会议，最后有跨区与各区的经验，再做一些分数的调整，就是统计学上计分数和剔分数的一个方式，让公平性能得到最基本的一个保证。然后还有一个通知，因为我们其实采用的是各区按比例筛选进来，所以大部分来讲，全台湾各地区都能够获奖，不会过度集中，可正是因为采用比例的关系，比如说都市区的话，相对可以筛选的比例就会高一点，那么我们就用人口数、案件数来去做比例的分配。所以某种程度上，我们觉得这样算是相对会公平一点，鼓励性更高一点。这样，不会过度集中，或者不会硬凭着评审的主观意见来决定，入选的类型与提案的状况也会更多元。"

社区评审与专家学者的结合，使得评审团可以做出更加合理的决策。专家学者的理论性会更强一些，更加高瞻远瞩，更偏向于战略、规划、创意和构想，但是在具体的执行层面，他们的判断可能就没那么准确。有时候，社区会举一个很务实的案子，可是专家评审就会觉得，这个东西太平凡了。这个时候，经验丰富的社区评审就会站出来说，这个东西社区真的很需要，而且也是社区自己没有办法解决的，需要得到帮助。

说到这里，读者们是否会有一个疑问：这些构想是王老师和团队成员一开始就完全设想好的吗？"不是的"，王老师说。基于多年的社造经验，王老师评估到了其中的大部分内容，但是他也强调，"因为现实中它会如何发展我们也无法预测，我们都只是一个开放性的方式，因为你也知道，社造过程中有很多东西会自己去转动。"众人拾柴火焰高，居民的智慧，真的可以超出专家的期待！

三　企业如何做公益——思考信义扮演的角色

在台湾，信义房屋在竞争激烈的商业大潮中居然将支持社区营造这项公益事业坚持了十多年之久。这能带给我们哪些启示呢？

1. 企业如何做公益

在台湾也好，在大陆也罢，其实有很多的企业都愿意做公益，奉献自己的企业社会责任，而且事实上，实际在操作的也不胜枚举。然而，他们的公益有两个问题。一个是很多公司对公益的理解仅仅停留在"捐款"层面，他们觉得，作为一家企业，通过自身的经营从社会上获得了利润，就应该返利于民，捐出一部分钱来帮助需要帮助的人。很多的企业只是单纯地想要捐款捐物，所以会看到很多企业把钱捐给基金会，而且只是单纯地捐款，或是简单指定一下捐款的用途，但是很少有像信义这样引领一种理念，想要把公益和社会发展结合起来的。这是给我们的第一个启示。

另外一种就是，有些企业也想到了通过策划自己的项目，而不是单纯捐款捐物，然而，他们的公益是分阶段的，每个阶段所设计的项目不同，使得项目不具有持续性。换言之，很多公司的预算当中都有一部分是用于做公益的，但是很多时候，这笔预算所投入的项目在不同的年份是不同的，这就导致他们先前的积累断掉。而信义房屋则是真真实实坚持下来了。

那么，信义房屋为什么能把这件事情坚持下来呢？从王老师的回答中，我们或许可以找到答案。

"我觉得这里有两个重要原因。第一个当然就是周俊吉董事长的特色，周先生本身就是一个比较希望能够走在时代前端，建立所谓业界的制度、规范、标准的人，所以在做这样的赞助计划，或者说这样的一个'社区一家行动计划'的时候，他都希望走在前面，让人家可以去看他做的东西。第二个原因就是信义这个集团本身它在支撑这个事情,因为他们也在这过去的好多年中,当然透过我们持续的协助他们去做改变。假如说信义还只是捐钱的话,我觉得第一阶段五年,只是这种坚持的方式方法,第二阶段可能做不下去,因为不会看到太多的回馈。因为信义集团很明确地去做了很多的切割,这种东西其实就是回馈不到所谓那种有形或无形的经济收益。但依然需要用社会意义的实现提供一种"回馈",正是这种回馈才会提供持续性的参与动力。所以其实这十年的过程中,这个计划本身做了一些滚动式的修正、调整跟强化,去建构更宽广的一个人脉的关系等等。所以到后来,周先生在这方面意愿越来越浓厚,他愿意去做这个事情,其实就这个东西本身来讲,或者说对台湾的社区营造的价值方面来说,当其成为社会一个重要的社会资本的时候,他开始习惯他一定要做下去,所以周先生本身,也被赋予了这样一种任务与使命,以及社会期待,让他欣然坚持做下去。"

为了构建和谐的社会生活,我们可以做的事情有很多,为什么信义会选择社区营造? 一方面,这与台湾较早引进社区营造的理念有关,另一方面,这也是因为信义房屋本来就是房屋中介公司,"居者有其屋"是他们的经营目标和经营理念。他们所选择的公益正好与经营结合了起来。在 2004 年提出这个计划之前,周俊吉董事长也找了一些公益组织的领导者,来助他构思具体以何种方式做公益。在大家的集思广益之下,他选择了社区营造。2004 年,刚好是台湾社造的第一个 10 年(始于 1994 年)。另一个原因,如周先生自己所讲的,2004 年台湾在选举的过程中暴露出很多信任问题,产生了很多的猜忌,因此他就希望透过社区营造能够让社会信任建立起来，或者说，人与人的和谐关系建立起来，这成为这个计划里最核心的价值。所以，这里给我们的启示就是：建议企业选择与自己的业务相关的公益活动，因为自己对这方面比较了解、也有相关的资源。

如何看待公益和企业的关系？王老师说，"这也是我觉得很多企业在操作这样的公益活动的时候，应该要有一个最高指导原则或者说叫一个底线。你在其中不要冀望或者不要希望有太多对企业的回馈，也许在附加价值可以有一些所谓企业文化或者企业形象的帮助，但是不应该期望能够像广告、行销或者宣传的那个冠名的那种概念，去打造所谓的商业利益，这是不应该的。"

但事实上，企业做公益确实会给企业带来回馈。附加的企业形象、企业文化，还有整个品牌的价值，公益与企业的结合确实有利于企业社会形象的提升，以及品牌形象的建立，从而吸引有相同理念的员工过来。例如，通过十几年的社区一家计划，信义房屋吸引了大批员工，而且保持了很低的离职率，从而大大降低了集团内的培训费用（王老师表示，一个企业有正能量在，就可以吸引有正能量的人进来）。信义房屋每个新员工需要接受六个月的培训，每人的培训成本大概需要几十万新台币。离职率的降低，就大大节省了企业的成本。

王老师说："如果你真的很单纯地在做善事的话，你都可以预期到会发生后面的这些事情，光是做这个事情，企业就很可能会得到诸如社会企业责任奖项、公益的奖项，或者一些企业经营的奖项。透过这些计划，就可以得到这些奖项，得到这些奖项，有助于塑造企业形象、业界的口碑，业界的口碑跟媒体的报道 ① 出现之后，链式效应就发生了。我们虽然没有很强调这个事情做到什么样的效益，可是当你真的很全心做这个事情的时候，这个效益就自然而至。"

2. 企业做公益的优势

自 1994 年提出"社区营造"这个概念以来，政府也出台了一系列的配套措施来支持各个社区进行社区营造，包括提供一系列的活动经费。但是，这些经费的申请非常复杂，需要提供完整的预算。而与之相比，像信义这样的企业在赞助的时候，要求就会相对宽松很多。

举例来讲，政府部门的预算大概可以分成"资本门"和"经常门"两种类型。"资本门"，就是可以当成财产和生财工具的；"经常门"，就是消耗品，这些钱花了就花了。

政府部门在支持活动赞助经费的时候，是属于"经常门"的。但是对于一个社区而言，尤其是在社区营造启动的初级阶段，很多时候需要一些对"资本门"的支出，比如，买一部相机。虽然这部相机不仅这场活动可以用，以后也可以用，但由于政府政策的限制，社区很难从政府那里获得这样一笔经费的支持。而信义房屋就没有这样的限制，这些预算给到成功获得支持的参赛者及所在社区后，他们就可以随意支配，也不需要领据核销——拿着单据或收据去报销。只需要在领完钱之后，写一张收据，说明有领到这笔钱就可以

---

① 信义房屋的社区一家计划曾多次被台湾各大媒体报道，资料来源：http://www.taiwan4718.tw/upload/info/h5mbjl0p20130529152028.pdf。

了。这样一来，社区在经费的使用方面，就有了很大的弹性。不仅是可以买固定资产的问题，而且，如果一开始没列在预算里的东西，只要有需要且还有经费，就可以随时购买。

企业做公益的另一个优势，是企业可以把自己的商业思维的一部分引入公益组织中，使得公益组织的运作更加流畅，甚至孵化出社会企业。

四 "社区一家"的未来设想

到了2013年的时候，第二阶段的活动就接近尾声了。王老师的团队就向信义房屋建议，如果还想继续做这个事情，干脆就把周期拉得更长一些，由五年变成十年，让社会看到信义房屋做公益的决心。

在有了多年的评审经验之后，王老师和他的团队也对这件事情有了更加深入的了解和思考。于是到了第三阶段，王老师就提出要构建一个平台。

信义房屋，每年出资两千万新台币来做社区营造这件事情，每每都会收到成百上千份的申请书，但是最终获奖的终究只能是其中的一小部分。没获奖的大部分申请者，多少会有一些失落。当然，也不排除有些人是抱着学习的心态来参加工作坊的，通过参加工作坊有所收获就够了，所以他们即使没得奖也不会太难过。但是，为了服务这些得奖的，而让大部分人不开心，这件事情就得不偿失了。所以，王老师就构想了一个"公益平台"，让大家可以把自己的构想放到平台上与更多人分享。大陆现在很流行众筹，而这个公益平台的概念跟众筹很像，却不仅限于众筹资金，而是可以包括想法、人力、金钱在内的与社区营造相关的各种各样的资源。这对于没得奖的人，具有极其重要的意义。因为如果当他们把自己的计划放在这个平台上，或许他们就有可能得到他们想要的帮助。比如有一年，一个社区申请了一个项目，但其实他们之所以来参加这个计划以期获得奖金，是想买一部二手车，以便于把社区的农产品运输出去获得市场收益。但是，他们的项目没有得奖。于是，评审们就把这份申请书放到了之前做的"实验平台"（建于 2013 年，为了后续做初测）上，结果被地方的扶轮社看到了，刚好他们的前任社长有一台二手的七人座面包车，就捐给了他们。由此可见，有了公益平台之后，人们即使没得奖，也可能通过平台获得自己所需要的资源或帮助。而同时，这个平台也可以通过大家的共同讨论，集思广益，帮参赛者完善自己的想法，甚至找到愿意与之合作的伙伴。

五 "社区一家"计划对大陆的借鉴意义

古人云：百里而异习，千里而殊俗①。任何地方的经验都不可以照搬照抄、完全复制，而是需要因地制宜、对症下药。两岸同根同源，有着共同的历史和相似的文化，我们选择介绍台湾地区，而不是其他地方的社区营造经验，正是基于这样的考虑。通过对社区一家的介

---

① 《晏子春秋·问上》

绍，包括对王老师所带的团队的介绍，我们认为进行类似的社区项目资助时至少有以下几点值得借鉴和思考。

1. 评审团要树立统一的价值观

虽说社区营造是全体社区居民的共同事务，但在实施的时候，总归需要一个组织方／协调者，例如在社区一家的案例中，王本壮老师邀请来的评审团就扮演了这样一种角色。那么，这个角色需要具备怎样的素质呢？

王老师说，最重要的一点，是大家享有共同的价值观。"因为以往的一些项目，出现评审之间摆不平的情况，所以我们在做的信义房屋这一块的工作坊或者评审进行之前都会有'会前会'。先开会讨论，大家对一些东西有了共识，比较类似的标准跟价值判断，再来做这个事情。然后后面出来的结果就不会有太多的争议，大家都觉得认可。"

同时，王老师也提醒我们注意，任何的一群人聚集在一起，无可避免地，都会有这群人特定的思考模式。所以王老师说，他并不能确定"社区一家幸福行动"计划的引导理念和评选标准是否对所有的项目都是完全开放和平等的，在评判的过程中没有任何的偏向。"我觉得信义这一块，目前我的评估，我们还是比较侧重去建构人与人的关系。我们会比较倾向一个公众或者公共利益的呈现，而去排斥那种个人式的学习成长或者个人的修养提升这样一些计划或者活动，当然连带一些比较宗教性或者特殊主题、特定人的议题的项目，此类申请在信义社区一家的计划中，就相对不会有得奖机会。"

2. 如何辅导居民写计划

一个好的项目，在开展之前都要有一个成熟的构想和一份完整的计划书，社区营造在大陆方兴未艾，如何引导居民提出自己的想法、写出一份好的计划书呢？社区一家的做法，或许可以给我们一些启示。关于构想基于多年的活动经验，每年在启动"社区一家"评选的时候，评审团都会召开一个说明会，对当年整个申请流程的时间安排、奖项设置、评选方式等进行说明。特别地，他们还会对大家的项目选择进行引导，提示参赛者从日常的生活体验中寻找创意，开展一些符合公众利益、可以让社区居民共同参与，并且一直坚持下去的活动。同时，他们也会提醒大家要避免的一些事情，比如抄袭，刻意强调没有人做事、没有钱等。对于普通居民来说，写计划书大概是一件很新鲜甚至有些难度的事情。评审团要求参赛者独立完成计划书的撰写，而不可以请专业人士代劳。为了给大家答疑解惑，他们公布了社区一家工作小组的免费热线电话，方便申请者咨询。同时，也在社区一家的官方网址上提供了很多的资料和案例供参赛者参考学习。但说到具体辅导，王老师略有些无奈地说："这一块当中，这个东西也是我们后面觉得有点难的。因为老实讲，信义房屋投出的资源大部分都投注在所谓的奖金上面，这已占了它的大部分，很少的部分做了评审委员的评审费、交通费等，所以它其实还没有多余的资源去做所谓的辅导这部分工作。在第三期的操作中，我们构想打造一个社造 3.0 版的平台。我们希望这个平台可以扮演这个角色，就像现在很多年轻人有个什么问题，就放在网上，大家集思广益，可能很快就帮忙解决了，最后这个平台就会用大家帮忙这种形式达成目标。希望集结大家的力量，用最少的成本与资源可以做到。"

【我眼中的社区营造】

社区营造是一件慢工程，而如今的生活确实快节奏的，快节奏与慢动作如何共存变成了值得我们思考的事情。如何让社区营造常态化，关键还是要让它融入我们的个人生活。

【送给致力于社区营造的工作者们】

在做社区营造时，怎么样把这些事情融入生活当中？你要真正思考现在这些社造的参与主体，可能是以社区中年纪大的人为主，也等于说他们的闲时间是最多的，所以他们的生活最容易可以有改变，他们的自主性是更高的。到了年轻人可能就有难度，我觉得可以试着找到年轻人生活的规律与模式，让他们来参与。如果一个年轻人可以做社造的时间是上班前跟下班后，或者周末的时间，在这些时间中他愿意投入其中，把他所谓的休息、看电视、上网看影片的时间挪一小部分出来进入社区营造中，愿意做个改变，来参与这些社交的活动，那么相关的社造工作当然也要能够配合他的节奏。所以当我早期在台湾推社区大学的时候，扩展社区大学的学员并非依靠宣传在社区大学学习将有多好，而是要思考假如他想来社大，那么，是什么原因造成他不能来？我们要做的是扫清影响潜在参与者学习的障碍，而不是说把课程开的多好，吸引人来。这两个有点概念不太一样。所以当解决他们的障碍的时候，即便课程机制不好，他都想要来。当然只是他会有很多替代性，他不想来社区大学的话，他想做一些其他更有意义的事，我们就是希望他的生活更有意义，更快乐一点，所以解决障碍是更核心的东西。因此回到社造也是一样，假如现在社区的大妈大婶、叔叔伯伯们是社造的主体的话，是什么影响他们不能参加？当把这些困难去破解了，或者说去松动了，就有很多事情我们可以去实现。

所以，我们需要转变思维，不是去努力增强活动的吸引力，而是去帮助居民消除阻碍他们参与活动的各项障碍。

徐裕健

徐裕健建筑师事务所

台湾华梵大学建筑学系教授

在大学里教授建筑史及城市史，在实务操作上偏好老街区改造，

对于历史建筑有极深的喜爱。

不吝在古迹及老街区风貌复原保存上耗费精力与时间，

更持着"有人使用才能称之为建筑"的坚持。

在调解政府与居民的矛盾之中才能真正挖掘居民所需，

在排解居民与居民间的摩擦中碰撞出更具意义的设计。

将时间、空间与人真实结合在一起，这就是他一直在实现的追求。

（2013 年徐裕建在信义社区营造研究中心第三期社区营造培训班的主题演讲现场）

第五篇

徐裕建：

保存老街的人文意义

徐裕建，工学博士、台湾华梵大学建筑系教授、古迹保存建筑师。他对古迹保存和旧城保护有着自己独到的理解，在台湾做了很多成功的案例，比如深坑老街、剥皮寮老街、三峡老街等。本篇以台湾新北市的三峡老街为例，介绍徐裕建在古迹保存方面的理念和实践经验。

一　三峡老街概况

三峡老街位于台湾新北市的三峡区。新北市（原台北县）位于台湾本岛的最北端，与台北市、台中市、高雄市和台南市并称台湾的五大院辖市。新北市全境环绕台北市，东北与基隆市为邻，东南接宜兰县、西南邻桃园县。三峡区，是新北市的市辖区之一，位于台北盆地的西南隅。因处于三条河流的交汇处，这里旧称"三角涌"。它三面环山，地理位置优越，地形易守难攻，是台湾北部最早的重要聚落之一。

清代和日据时期，三峡是早期台北城的地方聚落。得益于毗邻台北且水路发达，三峡老街曾是人头攒动的商业街，由于街道两旁有百余栋骑楼风格的砖造屋，三峡还被列为三级古迹保护。然而，随着泥沙淤积的加剧，因港口而兴的三峡最终也随着水运业的没落而没落。台湾进入工业化时代之后，由于当地人大量移居台北，老街开始破败，甚至被解除了古迹指定。"三峡老街是清代的老街没有错，可是因为人口外移，三峡处于台北边缘的位置，当地的产业就崩解了，所以老街上面有一半都是空屋，没有人住在那儿……没落以后的老街一半是空房，一半住着老人和小孩，有时候我走街上，几条野狗会来追着我跑，就像咸鱼一块，没什么发展机会。"徐裕建接受媒体采访时如是说。因为地方太偏远，又很破烂，人们大多不愿意出钱去修。临街还有一些小杂货铺子和棺材店——徐裕建说，这是租金低的表现。

2004年，台北市政府拨款3亿元新台币请徐裕建主导对三峡老街进行改造。三年后，三峡老街重新开张，重新焕发出了活力。在2007年西班牙巴塞罗那举办的全球建筑金奖中，三峡老街获得公共部门暨特殊建筑类全球杰出建筑金奖亚军。

二 说服居民与取得信任

其实早在20年多前，台北政府就有了重建三峡老街的计划。但因为开发商和关注文化遗产保护的学者对整修的意见僵持不下，重建计划迟迟未能落实。直到徐裕建的加入，三峡老街的整修计划才终于被重新提上了日程。

三峡老街有着辉煌的过去，在城市化过程中却难逃衰败的厄运。关注文化遗产的学者认为老街应该作为古迹被保护起来，但不动产开发商们却不这样认为，在利益的驱动下，他们更希望看到的是川流不息的马路和高耸入云的楼房。城市化的浪潮也逐渐侵蚀掉了当地居民对老街的情感，经过开发商的不断游说，他们中有很多人也站到了开发商这一边，试图阻止老街的保护工作，追求"现代化的生活"。于是，开发商和当地居民联合起来，动员很多关系——包括民意代表等政治人物——进行抗争，甚至为此闹上了媒体。这让徐裕建进驻社区变得很困难。

　　不同于单栋的历史建筑（或是一个古迹），对于老街的保护，政府一般会采用"都市计划"的方式，即将老街所在的地方划定为一个"历史风貌特定专用区"，并在其中实施一些管制措施，保护历史遗迹。然而，由于信息的不对称，生活在保护区里的老百姓有时候并不清楚政府的各项政策和权力的管辖范围，也不知道自己能获得哪些奖励。而反对者们恰恰就是利用了这一点在社区里散播一些说法，让居民们对保护工作产生抵触心理，比如，他们会告诉居民说，假如居民接受政府的帮助，把房子保存下来，那么房子以后的处理（比如出售）就会受到政府的管控，而不能完全由自己决定。这一说法使得居民们人心惶惶。徐裕建刚刚进驻三峡老街的时候，迎接他的是居民们为表示抵抗而拉起的白色条幅，有人甚至愤怒地揪住徐裕建同伴的领带，要把他们赶出去。

　　回忆起这个过程，徐裕建说："我们作为专业者来讲的话，我们不只是去修那幢房子，不只是用技术面把它怎么修好，最重要的就是让居民了解这些事情。"

　　徐裕建进场之后做的第一件事情就是对症下药——进行政策说明、打造"信心工程"。解铃还须系铃人，他一方面要求政府做出"不拓宽街区"的承诺，并且编列维修经费、制定补偿办法；另一方面，为了解答居民的疑问，徐裕建与当地的里长配合，在驻点成立了专门的工作站，向居民们解释政府的各项政策。他们在当地大量发放传单，告诉居民，如果他们有任何的疑义，都可以到工作站来，请工作人员帮忙解释。居民的疑问大多来自一些道听途说的消息，有时候显得很离谱。比如有的居民会问，是不是政府帮忙修了房子之后，这个房子就是政府的了？有的会问，修完之后，我还能不能住在里面？这样的问题让徐裕建又好气又好笑。他告诉居民们，修完之后，房子是谁的依旧是谁的，居住权完全不会受影响。居民们悬着的心这才放下，之前的怒气也渐渐消除了。

除了房屋的买卖问题，居民还存在诸多其他的疑问，其中一些涉及政策的应用。比如，有些家庭在老街背后或是屋顶上有违章建筑，担心经过政府的改造之后会被统统拆掉；有些房子的产权是好几位家庭成员共享的，大家不确定应该由谁来签修缮的同意书；还有的人则担心改造工程的质量，忧心因破旧而存在的下水道排污、光纤电缆等问题在改造后依然得不到解决。徐裕建把居民的这些担心统统记录下来，要求政府召开一个集体说明会，邀请相关的政府官员参加，现场给居民们答疑解惑。然而，基层公务员一开始对此并不积极，相互推诿。徐裕建一怒之下以解除设计师合约相威胁，将情况反映给了台北县的副县长，要求副县长亲自点名调配各部门的负责人来实地解决问题。在副县长的点名要求下，地震局、都市城乡发展局、文化局、水利局和财政局等相关部门的政府官员都来到了三峡老街，经过他们的详细说明，很多问题随之迎刃而解。

官员亲自到场的说明会不仅给居民们提供了一个可以立即解答疑惑的平台，缩短了沟通时间，节约成本并提高了效率，更重要的是，官员的出席给了居民一个信号，告诉大家，政府对三峡老街的改造很重视，全力支持，所做的承诺也一定会兑现。

深坑老街位于新北市的深坑区，是台北往返宜兰的必经之处，过去曾是贩卖茶叶及染料的热闹市集。在深坑老街的改造中，徐裕建采取了他称之为"社会制裁"的办法，让居民自己组织起来、互相说服。深坑老街的旁边有一条河，过去是交通运输的重要通道之一，老街就是沿河兴起的。以前，河边有很多码头和临街店铺，店铺就正对着河。后来，因为临街的餐馆纷纷把废水排到河里，河水逐渐变得又脏又臭，店家只好调转店面，把河岸变成了店铺的背面。

徐裕建看到这一情况，就决心对此地进行一番改造。他告诉居民说："将来我把后面的河岸整治好了，你们不但正面有店，后面那个才值钱。"他这一说，让居民们动了心。当大多数居民都对河道的修缮翘首以盼的时候，却出现了一位不太乐意配合的"钉子户"。他家把临河的一条巷子给占用了，使得改造工作无法进行。但是，因为他们家族成员和当地的民意代表有关系，所以连政府都不敢去拆。于是徐裕建就想到了"社会制裁"的办法，他说道，"用当地居民说服他们，让社区内部解决，时间久了，他会觉得'受不了，邻居天天骂我，说我自私，把地方占了'，从而不得不选择妥协。这样的社会制裁很重要，比什么法令都更为有效。"这样的社区内的声誉机制让其他的居民向"钉子户"施压。"哎，你占了巷道，让我们没有做河岸生意！""是啊，你太自私了！""对啊，这样太过分了……"最终，周边的舆论压力让这户人家不得不同意让出了占用的地方，徐裕建就这样完成了对全体居民的动员工作。

但是，徐裕建也没有让这户人家吃亏。他帮此户做了一个设计，做成一个两层楼的木结构，中间有一条巷道，人从下面可以穿过去，两旁留出了小间的店铺，还是可以摆摊；另外在房屋后设计了木头楼梯，可以爬到二楼去，因为这是公用巷道，所有的居民，游客都可以爬上去，大家上去都会惊叹于美观的景致以及房屋的木结构建筑。这样，第一，恢复空间正义，公共和私人领域做了分割；第二，连接了街与河的关系；第三，公有的空间可以向所有人开放。

三　动员三五户人家做试点

不同于深坑老街，徐裕建在三峡采取的是"做试点树信心"的策略。因为之前的政策太过摇摆不定，大部分人都对这一次的改造不抱希望。徐裕建就跟政府建议，先去游说试点，做出一些成功的案例给大家看，用事实说话，相信可以说动其他的居民。

徐裕建选择了一些年纪较轻、思想较为开放的所有权人，告诉他们，三峡老街将来会变成重要的商业区，而他们的房子，因为是有一定历史的传统建筑，整修好之后会很有韵味，会吸引大量的观光客前来。为了消除居民对房屋结构是否安全的疑虑，徐裕建还专门召开了"结构补强"说明会，拿着木制的房屋模型向居民详细说明改造后房屋的样式、结构和承重原理。

经过不断的解释和游说，徐裕建终于找到了三五户态度软化的人家。他们都被徐裕建说服，看好老街会升值。于是，徐裕建就首先为这几户人家进行改造。

为了增强居民对在地文化的认同感，培养居民参与社区活动的积极性，在整修的过程中，徐裕建有意让居民参与进来，自己挑选式样、设计自己的房子。徐裕建根据旧照片设计出了十来种店铺的样子，设计出了各式各样的招牌和灯具，还设计出了仿清代的石板地面等等传统要素，让居民们根据自己的喜好在上面选择打钩并签字。相比传统的套路，"参与式设计"占用了建筑师大量的时间和精力，他们需要挨家挨户地去和居民沟通，向他们介绍各种方案，并耐心解答他们的疑问。但徐裕建却说，居民们加入到设计过程来，可以增强他们的参与感，同时他也希望通过这种方式让居民对自己的选择负责，避免日后的纠纷。

四个月后，这几户人家的房屋整修完毕。建筑师在木结构里面埋进了一些钢骨，增加了安全度，使得房屋的结构异常牢固。但同时，因为钢骨是埋在里面的，看不到，所以这些房子的外观依旧传统古朴。此外，他还添加了双层屋顶的设计，起到了隔温的作用，有效阻挡了太阳辐射，使得屋子里不再像以前那么热了。"我就是把它们的古风貌恢复，但是房子的安全性提高，基础设施也很现代化"，徐裕建说道。

正如之前所说，历史街区的保护不仅仅是单体建筑的保护，在修缮各家房屋的同时，徐裕建也在老街的街面动了一些"小手术"。一方面，他在街道中央埋下了沟通管道，让排污、水电、宽频等现代化设施应有尽有。另一方面，因为这些管线（包括下水道、上水道、自来水、高压电、电话线、瓦斯管等）全部都被埋在道路下面，整个街面就显得很干净。他把原来的柏油路换成石板路，并采用低角度的古朴的夜间照明代替现代的荧光灯，之后又做了一些灯和木头围护，把铁卷门都换成以前清代的木板，夜晚的灯影效果很不错。

领头者的示范作用立竿见影，原本排斥重建的居民在参观完修缮后的房屋之后，纷纷地在改造同意书上签下了自己的名字，迫不及待地等着徐裕建去改造自家的房屋，就连当初带头反对、散播谣言的人也服了软，甚至在副县长视察老街的时候，拜托他帮自己争取一份同意书和改建补助金。就这样，三峡老街全部的居民都同意进行房屋修缮。

除了挨家挨户门面之外，徐裕建还结合三峡老街曾是繁华商业区的特点，调查各家曾经的光荣事迹，并把这些故事画在每个店门外的水沟盖上。他说这样可以强化地方名人、历史事件以及日常生活文化与空间的联结。台湾名画家李梅树久居三峡，在征得了李家后人的同意之后，徐裕建把李梅树的画作印在了水沟盖上。此外，他还把三峡从清代到现在发生的故事都铺在了广场的地上。

在整个的动员过程中，徐裕建对症下药，先是通过在驻地设立工作站的方法，为居民解读政策、答疑解惑，让居民们看到政府的态度和决心，重拾了对政府的信任。随后，他又通过建立试点的办法，对个别人家进行改造，形成示范效应。在此过程中，他运用"参与式设计"的理念，让居民参与到整个的修缮过程中来，增强了居民对老街的认同感。徐裕建根据老街特点设计的古老照明完成以后，居民们还自发地组建了一支队伍，参与到路灯的管理工作中。

四　社区认同感的提升与产业的兴起

三峡老街修缮完成之后，效果很好，甚至被媒体报道，上了电视，全台湾的观光客都到三峡来看老街、来拍照。

旅游业的兴起进一步刺激了三峡老街传统业态的恢复和发展。张先生是三峡本地人，在老街上开了一家店卖茶叶。茶叶店的陈设具有浓郁的地方风格，匾额、书架、木雕，一应俱全、古色古香，茶叶的包装朴素却不失雅致，看得出店家的用心。张先生的儿子曾是一位工程师，看到整修后的三峡老街，一退休就来到老街帮父亲卖茶，并且很骄傲地告诉客人们："我爸爸以前是卖茶的。"在父子俩的用心经营下，茶馆的生意日渐兴隆。

另一户张姓人家则在老街上开了一家布店。他们家几代人都生

茶叶店内景

老布店的外景

古董家具店内博物馆式的卖场布置

活在三峡，以卖布为业。他们之前做过制服批发，后来转型改卖传统服饰，就是那种带有一点中国风的布衣服。三峡老街的改造，吸引了大批观光客的到来，布店的生意也随之变好了。店里的老板娘不仅长得漂亮，而且善于表达，深受顾客欢迎。徐裕建每次带人去布店参观，她都热情接待，还会和来宾分享老布店的故事，像解说员一样滔滔不绝。渐渐地，老板娘成了店里的另一块"招牌"，还上了一家杂志的封面，堪称布店的模特和代言人。

至于那些本来就对三峡老街带有深厚感情的人，在整修之后，就更不愿意离开了。有一户姓李的人家，夫妻俩在老街尚未整修的时候，就喜欢上了这个地方，十几年前就在这里租了间房子卖古董家具。夫妻俩有一点修行者的味道，穿着布衣服，先生还打着赤脚。他们结合店铺的特色，充分利用历史空间情境，把各种古董家具协调地陈列在房内各处，把店铺打造成了一个博物馆式的卖场。

三峡老街的整修不仅带来了商业上的繁荣，也增强了地方人的认同感和自豪感。居于三峡地区的廖老师是一位退休的小学老师，声望很高，被当地人当作意见领袖。廖老师本来就不希望三峡老街被拆掉，整修好以后，他把店面租给人开冷饮店，然后自己天天坐在店里面看着三峡老街，看着街上熙熙攘攘的人群，他说，这让他觉得很舒服。

还有一位每天通勤台北的白领甚至对徐裕建说："整修之前，别人问我是哪里人，我都不敢讲我是三峡人，因为怕人家觉得我是乡下人。但整修之后，我每天从台北回三峡，都一定要绕道到三峡老街才回家，觉得这样才过瘾。现在，人家问我是哪里人，我就说我是三峡人，还不忘补充一句，三峡老街就在我们家旁边。"

在台湾，过去有一段时期城乡发展都是不均等的，当政府把所有的投资都投放到大城市，乡村美好的生活方式、美好的生活场所就面临着全部被摧毁。这种摧毁或许不是以现代化的机器直接把老街给拆掉，而是通过吸引年轻人到外面、到大城市去讨生活，使得乡村人去楼空，使得一个地域的社会被拆解，使得一个地方只剩下老人和小孩，使得一个社会的结构不再完整，造成乡村的原有机能被破坏。

徐裕建——作为建筑师——的使命，就是通过老街的整修重新吸引年轻人回来。徐裕建说，年轻人在一起，会互相讨论事情，因为老人家已经不管事情了，年轻人可以用自己的热情和智慧复兴地方的产业。而要让年轻人愿意回来，并且能够留下来，老街需要提供的，就是一些比在外面更容易挣钱的行业和职位。年轻人一旦回来，也就可以填补社会结构不完整的部分。

年轻人的回归，除了让社会结构变得完整，还会给当地社会带来很多的生机和活力。按照台湾的传统，生意人每逢初一和十五都要到土地公庙去拜一拜，由此土地公庙就会热闹起来，因为台湾人很相信这个事情。但是，如果不做生意的话，土地公庙就会很冷清。生意人如果挣了钱，还会搞庙会和节庆，演戏酬神。由此，一个社区就会真正激发出它的生机和活力。无论是三峡，抑或是台湾的其他地方，任何一个地方社会生活的恢复，并不是靠政府出钱去举办一个节庆活动，更重要的是居民的自发性。前者的热闹只是暂时性的、表面性的，而不是长久的、可持续的，因为它没有"马达"，缺乏内在的驱动力。要想恢复一个地方的社会结构，首先要活化当地的文化，让居民们产生认同，其次要在活化文化的基础上，创造出新的需求和动力，特别是创造出新的经济增长点。

"文化搭台，经济唱戏"的提法其实并没有错，我们需要思考的问题是，要用什么样的文化搭台、唱什么样的戏。在这里，我们需要避免两个极端，一种是用普通的文化，没有地方特色的文化来发展经济，造成的结果就是，商业发展得很好，但是这种商业模式移到其他地方同样适用，而不具有鲜明的地方特色。另外一种就是文化的"标本化"和"博物馆化"，也就是说，文化精粹被完整地保留了下来，但却和时代脱离了联系，在时代高速旋转中的离心力被抛到了九霄云外，而不能与时俱进，得到进一步的传播和发展。

显然，三峡老街和深坑老街的改造没有落入这样的窠臼。现在徐裕建去到深坑老街，就好像回到家一样，受到人们的热情欢迎。有人请他吃饭，有人请他喝酒，还有人找和他合影。这都是因为，经过他的改造，深坑老街的面貌焕然一新。在深坑有一个庙，庙的主人是一位卖豆腐的老先生。庙的前面有一个水泥做的戏台，就是做豆腐的厨房，而庙前广场搭了一个很差的铁皮棚架，就成了他卖豆腐的地方，像是一个半户外餐厅。徐裕建就和老人建议说，做一个空间改造。在戏台下挖一个地下室，把厨房从戏台搬到这个地下室里，然后把水泥的戏台做成传统的木结构，铁棚子做成具有特色艺术造型的。现在，因为环境的改造，庙里的租金从原来的十万新台币（约合人民币两万元）提高到了三十万新台币（约合人民币六万元）。

同时，厨房搬到地下室以后，戏台恢复了戏台的功用，真的开始演戏了。一年在戏台这里会举办很多次的酬神，整条老街上就时不时会听到叮叮咚咚的声音，老街的地域性文化生活又一次恢复了。

五　社区空间改造，如何形神兼备？

看过了徐裕建的改造成果，我们再来听一听他的改造理念。一个建筑师，为什么要花这么多的时间和精力来为老街做建筑设计呢？他对此有着怎样的思考和认识？

徐裕建说，"空间"不是"空间躯壳"和"空间机能"的简单加总，它应该包含"空间精灵"。"空间躯壳"指的是空间的外在形式，指的是外在的看得见的建筑结构和建筑风格。"空间机能"指的是空间所发挥的功能和作用。"空间精灵"是其中最重要的部分，也就是空间意义，是一个地域的"神"的体现，它需靠空间里一个个的故事来塑造。徐裕建说："通过设计手法将空间中已发生或将发生的故事结合空间场景，可以把空间的精灵召唤到空间的躯壳中。"

所以对徐裕建而言，建筑师并不简单地只是修房子，他们要面对人。如果房子修好了，但当地人却不会因此而留下来，那么，修的只是一个躯壳，灵魂不见了。此外，徐裕建还认为我们不能简单地把城市发展和经济发展等同起来，以后者作为城市发展的判定标准。"尽管我们的工作看上去涉及的是房子，或者是修房子，但我们修的不光是房子，我们修的就是人，我们面对的就是人"，他一字一顿地说。

徐裕建提醒，历史保存在很多亚洲城市的发展中存在"保存误区"，需要我们提高警惕。

误区一：去地方化

应政府的要求，徐裕建也曾修过一条没有人的老街——剥皮寮老街，但他很是受挫。剥皮寮老街位于台北市万华区，万华旧称艋胛，位于台北市的西侧，是台北城市发展的起点，当地至今仍保留有很多的传统店铺，有售卖糕饼的、卖绿豆汤的，还有卖当地特制的米粉的。很多的老手工艺人也在那里，做传统木雕的，做佛像的……剥皮寮老街形成于19世纪中叶，离台北香火鼎盛的龙山寺仅一步之遥，是清代艋舺水上货物运输要道，一度甚为繁华。如今，这里仍保留有闽南式和西洋巴洛克式风格混合的建筑。因为剥皮寮老街租金过高，这些人、这些铺子如今都转移到了万华其他的巷子里面。

台北市政府征收了剥皮寮老街并迁出了其中的人口，想要盖学校的大楼，但由于反对的声音太大，该计划被搁置下来。徐裕建接手的时候，剥皮寮老街已经人去楼空了。住民的被迫迁离使得当地失去了住民文化的真实性。后来，这里变成了一个乡土文化教育中心。徐裕建看来，这就是一个"文化标本"，开个高级画廊，从事古董拍卖，人们进去，根本没有办法体验到这个地区真正的文化。

误区二：建筑闲置化

"蚊子馆"是一个带有戏谑性质的词汇，指的是那些耗费了巨资兴建起来但却门庭冷落甚至被闲置的公共建筑，它们大多成了蚊子的"安乐窝"。徐裕建说，政府为了政绩和自我宣传所建的图书馆或其他文化场所，由于只重视实体建筑、只注重保存外形，而忽略了其中的"软件"部分，大多难以逃脱沦为门庭冷落、"人迹罕至"的"蚊子馆"的厄运。居民需要的，或许只是一个可以乘凉、可以随时停下来聊聊天的公共空间。但这些需求，如果建筑师只是在家里画图，或是单听政府官员的一面之词，是难以捕捉到的。一个合理且有活力的公共空间的设计，需要建筑师放下图纸、走出房间，走进居民的生活，是建筑师在和居民的沟通之中慢慢领悟出来的。

误区三：文化标本化

历史遗迹保存需要避免的另一个误区，是文化的"标本化"。有一次，徐裕建到日本的一家木匠博物馆，当时已快下午五点钟了，徐裕建走进去，看到一个在做油伞的老工匠，就问他是否可以拍照。没想到对方对他说："不好意思，我下班了。"这让徐裕建感触良多。他说，在这样的博物馆中，村民和在地文化的关系已经变了味道。村民是被聘请过来的工作人员，有上下班的概念，"展示当地文化"变成了一种工作内容，或者说是一种表演。原来那种发自内心地对文化的认同和自豪感消失不见了。

与之相反，他举了大陆一个还没有观光化的村子的例子。在那里，他遇到一位很会做蓑衣的少数民族的老先生。徐裕建想买一件蓑衣，结果老先生说，他不卖蓑衣，但是如果你跟他关系好，他可以把蓑衣送给你，条件是以物易物。于是，徐裕建就到车上去拿了一件东西作为礼物送给老先生，老先生很喜欢，说："年轻人不错，好，这个就送给你！"徐裕建感叹到，"这就是差别。我们不一定要模仿老先生以物易物的方式，但至少可以感受到他对在地文化的感情和那位做油伞的老工匠是完全不同的。"

　　这就是徐裕建，身为建筑师，他在历史建筑保护方面极富造诣，而身为文保专家，他又是最擅长建筑规划的一位。更为难能可贵的是，他对历史文物的保护有着自己的理解，认为我们既需要保留空间形态，又需要留住其中的原有住民，更重要的是，要激发原有住民的热情，让他们自己组织起来，完成历史文化街区的保护和复兴。

【送给致力于社区营造的工作者们】

走出自身领域的限制。现在学院里面所教授的知识大都是从西方引进的，有一些其本身还停留在理论层次，而有一些则有它特定的社会背景的限制，并不能很好地解释中国社会当前所存在的一些现象，或是满足当代社会的一些需求。每个社会都有其自身的特点和问题，一味地照本宣科就像是邯郸学步，并不能解决我们这个社会存在的问题。尽信书不如无书，大家需要意识到并努力克服这些问题，踏出自己领域的另外一步，走出理论，走出自我领域的限制。我觉得比较重要的是大家要真实的进入，用深入的方式进入，深入就是身临其境去"做"这个所谓的我们社群的生活，其中还有人的互动、人的关联性，还有人跟环境的关联性，人怎么经营环境的、人在环境里面是怎么一回事，这个事情是一个大的范畴。所以我觉得不要设限说你研究什么不研究什么，你观察什么不观察什么，这个事情要打开限制。有很多人会自我限制能做什么或不做什么，我觉得这个事情不好。

不要以短期成果为目标。政治人物可能只想在两年之内搞出一个快餐式的政绩，对此，我们无可奈何。但在学校里面，我们大可不必如此，或者说是，千万不要去搞短期效益，不要以短期的成果作为教学的目标。学生的主要任务就是学习，而学习是需要一个过程的，我们在这个过程中不断收获不断成长。任何过程都是成果，我也呼吁学院的老师们这样看待，在要求学生做出成果的同时请他们把过程也讲出来。甚至说，不一定要有一个具体的成果，只要同学们能说出的过程是什么，在这个过程中收获了什么，也可以。我们需要重新定义知识的范畴，重新思考所谓的评估和学习成效。

或许有人会说，但现在很多大学都面临着行政领导专业的情况，抛弃成果的追求并不现实。我觉得这个事情是我们没有办法解决的，但是我还是要讲可以解决的部分，第一老师不要去做太多计划，老师如果把研究计划拿来叫学生去执行，学生就被迫，在这个研究计划的时效里面搞出一个成果来。当然那是一部分，我们顾其名为研究好了，但是教学呢，教学要跟那个脱离，可以把你的教学跟评估这件事情做出一些调整，我说你们帮我做这个，但是你们另外去做一个比较细致的设计，我不是要看成果，我只是要看过程。

学生们并不用担心因此而毕不了业，因为每一位好老师的心里都会有一杆秤，知道应该让什么人毕业——让有过程的人毕业，因为那个学的是真的，其他是假的。因为如果说学生都做短期的成效，然后那个过程又是充满虚伪的累积的时候，我们要这个人干什么，这种人还出来，将来不断的复制这个玩意儿，他是人才吗？他算人才？他那个理想心都不见了，他不是人才。快速生产虚伪知识，绝对不是人才，因为那样我们真的只是在过程中，不是快速的成长。虽然对于大的学校层面的行政，我们是没有办法的，没有办法的事情我们就算了，我们有办法的事情才有意义。

陈育贞

台湾大学建筑与城乡研究发展基金会宜兰工作室负责人

从到德国求学，又从德国回到台北实践，

最后选择了宜兰作为自己的原点；

从大都市到台湾人认知里的乡村；

经历过无法取得工作与家庭平衡及身为女性工作者的重重难关，

她却从没放弃过自己的理想。

探讨老城活化、庙宇文化、老人与小孩，这是她的思维。

在社区里扎根、深入社区，这是她的基石。

而挖掘本土能量以造就本土发展是否就能解释她的信念？

第六篇

陈育贞：

参与式规划设计

（陈育贞在研讨会上发言，图片来源自网络）

陈育贞，台湾高雄人，年轻时曾在台湾大学建筑与城乡研究所学习，接受了"参与式规划"的理念，并赴德国留学企图寻找该思想的源头。在德国，她发现台湾地区和德国两个社会的情况很不相同，于是读完博士，她又迫不及待地返台，希望立足实际，寻找出一条富有台湾特色的社区营造之路。终于，她在宜兰实现了自己的梦想。20年的社造，她改变了所服务的社区，改变了家人，也改变了自己的人生。

一 立志做田野

陈育贞对社区营造理念的坚持源于年轻时在台湾大学建筑与城乡研究所①（以下简称"城乡所"）接受的教育。当时城乡所的一个核心价值，就是关注使用者、强调使用者参与。这个概念，从专业的空间的角度来看，叫作"参与式规划设计"；而从比较大的范畴来看，就是"使用者参与"或"民众参与"。

城乡所的这一价值理念，源于对专业者的角色和价值的反思。随着时代的进步，社会分工体系不断完善，不断细化。现代管理体系也相应地将各行各业切割成了不连接的专业体系，形成了各自的领域范畴、知识体系和技术要求。所以，专业者的培养就是在各自的框架中完成的。专业化有利于深入的研究，但也容易出现观点片面的问题。

①　在台湾，"念研究所"就相当于大陆的"读研究生"。

专业者在处理问题的时候，不太容易看到一些相关性。以空间专业者为例，对空间的改造有提供产业经营的可能性，但也可能受到包括社会照顾等问题在内的种种限制，甚至会影响到人的心理的变化——比如对历史遗迹的拆迁或保护，就涉及对历史情感、历史记忆的保存。这些东西其实是整体的，但由于现代化体系的瓦解，专业者往往缺乏这样的认知，这就影响了他们的工作态度，使得他们过度自信于自己的专业，导致所给出的设计往往是不符合使用者的[1]。

那么，如何改变这个事实呢？这就必须要从专业者自己做反省，陈育贞说。专业者反省以后就必须要能够降低对于专业的身份跟专业的能力过度的夸张、夸大，专业者能做到这个的时候，进一步接着就是要跟使用者一起进行规划设计。所以专业者如何能够做到这一步，然后再进一步去跟使用者进行规划设计，来面对土地的问题、空间的问题，这是空间专业一个基本要做的事，这是那个年代的城乡所的很重要的核心价值和议题。

事实上空间是很具有影响力的。比方说到底谁能够对什么土地具有未来发展的决定权，到底谁拥有资本，能够在谁制定的游戏规则里面进场做影响，其实大大地影响那个地区，当然也大大地影响那里

---

[1] 法国建筑师在北非村庄引入自来水，结果召来了当地居民的不满与抵制。调查显示，对于深居闺中的妇女们来说，到村中的井台边上去，是接触社会的一个难得机会。而提供自来水就把她们这一重要的社交机会剥夺了。妇女们为此感到抑郁，于是向她们的男人们抱怨，从而招致了抵制行动。——阿摩斯·拉普卜特《文化特性与建筑设计》

人的未来。所以如果从这个角度的话，虽然专业者好像是从空间专业着手，可是因为涉及有限的资源就叫作土地，还有注入空间改变的资源，这都是有限的，所以事实上从空间的角度做切入，几乎全面影响了"地方"，所以如果把这个抽象的"地方"替换成相关的人，也就是使用者，那就是大大影响了使用者的未来；假如把"地方"替换成社区，那就是大大影响了社区的未来，其实多年来台大城乡所从头到尾关心的是这个。

台大城乡所是陈育贞社区营造思想萌发的土壤，她说，"城乡所把我的内在启蒙了，它影响了我一辈子。"

然而，当时的台湾还没有实现转型，这些理念只在学术界的一个很小的范围中传播，连社会学系和哲学系也都只是在做观念的国外引进与研究讨论而已。那些理论观念跟空间理论之间的对接和辩证很不清晰，台湾当时顶多是去做某一种类型的政治性的街头抗争，距离全面性的反省还差得很远，更不用说那么生活化、日常化的一种议题的连接。因为这些概念的基础都在欧洲，关心民众参与的陈育贞由此萌发了去欧洲深造、与源头直接对话的想法。她想看看源头的那个社会现在的情况，希望可以获得在台湾如何发展社区营造的一些启示。

到了德国，陈育贞却发现事情并没有所想的那么简单。"我发现那个东西那么真实地存在于那里，我确实在这里可以读到原点，我也可以看到他们从最早的出发点走了几十年之后的成果，更直接地也可以跟当地出发点的一些相关最真实的人对话了，但我赫然发现了另外一件事——这些事情是需要时间的，欧洲在很多年以前就开始走上了这一条路，它的结果不是一朝一夕就能实现的，而是经过了大量的'血战'过程，才形成了这样一个系统的民风。而这个民风都还不是百分之百的，只是他们的民众当中大部分人都能接受了，但还有 30%、40% 的人依然不在状况中。我无法看到那个最真实的'好'是怎么形成的，而且那个真实的'好'也不是百分之百。看过之后，我不再对外部理论的直接移植抱着错误的期待——它是不可能移植的，它是需要一个过程的，你今天看到的体系制度跟案例都是它走了几十年的结果，现在在我们所处的状况就相当于是几十年前的欧洲的发展阶段，你怎么可能移植？你移植的是现在，你不知道它之前打过多少仗，所以我们真正需要的是那个过程。"

在德国的这一发现对陈育贞的思想产生了深刻的冲击。她觉得自己在德国学到的东西回台湾地区是无法直接运用的。如果想要让台湾地区实现公共参与，恐怕不是把德国的法令制度、环境规范照搬回去就可以的，更何况，台湾地区还有自己的社会状态需要面对。所以五年后，陈育贞念完书又立即回到了台北。"你除非去跟地方的人一起面对，否则的话这个事找不到答案"，陈育贞如是说。

1995 年，台湾大学建筑与城乡研究发展基金会宜兰工作室成立，陈育贞终于为她的社造理念找到了一片试验田。

二 举步维艰的共同议事

1995 年 7 月，在"使用者参与"这一理念的指导下，宜兰工作室一经成立，一改之前社造工作者往返于台北和宜兰之间的工作模式，陈育贞与工作室的几位工作伙伴由此在宜兰驻扎下来。

驻地的目的在于推动当地民众参与公共事务，但陈育贞很快发现，当地居民对公共事务并没有什么热情，参与意识十分薄弱。利泽社区（旧称"利泽简"）是陈育贞去的第一个社区，她一到那里就碰了钉子——召集了几次开会几乎都只有两三个居民来参加，而且每次来的居民还都不一样，人员非常不固定。社区公民意识的缺失让陈育贞与工作伙伴决定跳过这个组织集体的过程，通过各种方法去寻找社区里面愿意与其接触的人，和他们直接沟通互动，问他们最关心什么、认为社区最值得做的是什么。在交流的过程中，陈育贞发现大家关心的问题其实并不相同，这是大家不愿意聚在一起开会的更为主要的原因。

意识到问题之后，陈育贞就想了一个巧妙的办法。考虑到宜兰人民关注环境问题的历史传统，工作室决定召开每周一次的环境会议，每周讨论一个新话题，不讲具体的议题，只强调会议对社区凝聚力的作用。由于环境是一个比较开放的话题，并没有具体说要讨论哪一件事情，但又和日常生活息息相关，所以会议吸引了不少居民的到来。同时，为了改变男性为主的社区决策体系，陈育贞决定把老人和妇女也找来开会。虽然她知道妇女的意见并不受重视，但她相信有胜于无，相信水滴石穿，相信只要坚持下去，终有一天女性在社区中的地位会获得提升。

环境会议渐渐朝着陈育贞所希望的方向发展。虽然起初的召集很困难，但到了第二个月，每周开会的晚上，乡里几乎所有的民意代表都会过来。虽然乡里还有不同派系的存在，虽然不同派系之间还有隔阂，虽然大家来开会的目的不尽相同，但陈育贞的第一个目的已经达到了——知识输送、共同参与和意见表达。在参与环境会议的同时，居民之间的关系也得到了缓和：乡民们常常会从家里带上茶水或者水果来开会，并在中场休息的时候分给大家，顺便一起拉拉家常。通过这样一个交流平台，乡民之间的相处方式发生了转变，邻里关系得到了很大的缓和，彼此间即使有意见不合的时候，也不会再轻易翻脸了。社区营造的氛围在利泽社区日渐浓郁。

环境会议进行了八个月后，陈育贞觉得时机成熟了，就设计了一场会议。她找来政府部门和专家学者，就讨论过的几个关键议题，听取他们的意见。这场会议给了当地居民与利泽社区以外的专家，以及政策制定者沟通交流的机会，并产生了深远的影响——它使得利泽的百姓感受到了身为一个公民的价值和参与公共事务的重要性，同时，也让政府部门看到了一个社区的自主性和能动性。更加重要的是，环境会议这一个漂亮的收尾让人们对陈育贞刮目相看，作为一名年轻的外来女性，她在利泽社区的地位得到了极大的提升。

在宜兰，当地人称呼小女孩为"扎挖伊娜披呀（台语音）"，"扎挖伊娜"就是小女孩，"披呀"是指不起眼的、掉落在一旁都没有人捡的零星碎片。虽然前面通常还会有一个表示可爱或相近意思的形容词，却还是很自然地包含了对女性的轻视。那次会议召开以后，人们渐渐意识到，这是一项非常专业的工作，议题和规则的确立、背景资料的整理，这些并不是一般人随便就可以做的。透过这个漫长而艰难的过程，乡民们充分感受到了陈育贞的能量——没有人把他们社区的事情弄得那么清楚过！乡民们亲眼见证了陈育贞的努力过程，惊讶于她的顽强，能把事情坚持这么久又做得那么清楚，不得不佩服！于是，陈育贞在利泽社区的地位就开始转变了，即使乡民们可能在嘴边已经养成习惯了，还是像原先这样叫她，可是她在乡民们心目中的地位发生了变化，开始获得认可和尊重。

三　寻找社区营造的切入点

环境会议的成功不可复制，陈育贞意识到，如果要真正激发人们参与公共事务的热情，就必须先解决他们的后顾之忧。而这个后顾之忧，主要指的就是社区里老人和小孩的照顾问题。陈育贞表示，"在社区里其实最重要的不是空间的问题，最重要的是老人照顾，第二重要的是小孩照顾，与这两个问题相比其他问题都会退居次位，而且解决这两个问题都旷日费时。"于是，陈育贞和其他社造工作者们调整工作重点，开始着手处理社会照顾的问题。

陈育贞与同事们就社会照顾的问题和老人、妇女进行讨论——如果要照顾老人有哪些事情可以做，如果要照顾小孩又有哪些事情可以做，等等。了解情况之后，陈育贞带着老人和妇女把这些该做的事情排了一个优先顺序，大家达成共识，认为：在无法同时照顾老人和小孩的情况下，需要优先解决小孩的问题。就像动物界有食物链一样，社区照顾这件事也存在一个关系链。如果把小孩的问题解决好了，那么年轻的爸爸妈妈就轻松了一大半，可以专心照顾老人，甚至还有可能腾出一点自己的休息时间。"自助托育"的思想由此萌发。

陈育贞征得社区组织的同意，在社区里争取到了一个私人空间作为"自助托育"基地。最初的参与者共有 12 对夫妇。大家都把孩子带到基地来，轮流由其中的一对夫妇担任老师，负责照看这些孩子，这样剩下的 11 对夫妇就获得了解放。渐渐地，事情就运作起来了。家长们除了日常的看护，还会在周末带孩子们出去游泳（因为社区没有游泳池），或是在暑假带孩子们去旅行、看展览。

但年轻的父母们很快发现，他们很难用对待自家小孩的方法管教其他孩子，特别是当别人家的小孩闹起来的时候。于是，他们开始寻找一种可以"罩住"所有孩子的"通用技巧"。就这样，自助托育渐渐办了起来并持续了很长一段时间，直到当地托儿所和幼稚园出现。

宜兰有一个著名的文学家叫黄春明，很擅长就地取素材讲故事。妈妈们觉得请他来讲故事既可以吸引孩子们的注意力，让孩子们乖乖坐定，同时相比于讲白雪公主之类的童话故事，这又是一个进行乡土教育、增强社区认同感的好机会。黄春明得知妈妈们的想法后，显得十分高兴，觉得这件事情很新奇也很有意义，他欣然应允，还主动加开了好几次课。黄春明讲故事的时候，陈育贞还找来了当地小学的师生一起来听。老师们听到黄春明的故事，一方面觉得很有意义，一方面也表示很惊讶："怎么我们在这个地方教了那么多书都不知道啊！"于是，他们就把老人讲的故事录音下来，做成逐字稿，讲给更多的孩子听。这样的故事整理类似于口述史的记录，是对当地非物质文化的保护。

四　社区凝聚力的全面提升

1996 年的 7、8 月份，环境会议中场休息的时候，老人们随口问起中秋节做戏的事情，陈育贞由此得知利泽过中秋节有特别的传统——每年中秋节，在这个社区最重要的那一座庙（作者注：永安宫）前，居民们都会出钱聘请专门的演员来演歌仔戏。

看到中秋的事情引发了大家的热烈讨论，陈育贞意识到这是一个复兴地方文化和增强社区凝聚力的好机会，于是就在环境会议之外，另找了一个时间专门讨论中秋做戏的事情。大家你一言我一语，每个人都把自己知道的讲出来，互相纠正也互做补充。渐渐地，过去的传统在人们的讨论和补充中渐渐显出了原形——原来过去在利泽，中秋节除了在神庙前做戏之外，还有荡秋千、攻炮台等活动。共同的历史记忆激发了大家共同的渴望，乡民们强烈建议今年将这些活动全部重新开展起来。

老人们看到失落的传统再一次获得关注，显得十分兴奋，但同时又担心人手不够活动做不起来。陈育贞就主动请缨，去和年轻人、妇女以及老师进行沟通，请他们去挖掘关于这些传统活动的细节以及活动背后的故事，并以工作人员的身份参与到活动的筹备过程中。学校的老师对此也积极响应，他们给学生布置了写日记、户外写生等作业，调动起小孩子们的热情，鼓励他们也参与到社区的这一盛事当中来。利泽居民的亲属有些生活在周边其他的村子，得知这件事情后，这些人以志工的身份也加入到了筹备的队伍当中，形成了"共同办理"的热闹景象。

节庆当日，活动从上午九点一直持续到了半夜十二点多。在社区居民的共同努力下，中秋活动盛况空前，人们把中秋节所有的传统戏码都再现了出来，还新增加了几个趣味游戏。中秋盛会的举办对宜兰而言是一件大事，媒体的大幅报道让当地人感受到了社区带来的荣誉感和自豪感，又一次体会到了"集体"的存在。当然，利泽的人们也知道，中秋仪式的"复兴"离不开陈育贞与她的工作室伙伴们的辛勤付出，于是，社造工作者们在利泽的地位又一次得到了提升。

对陈育贞来讲，社区营造是一个相互理解和成长的过程。在她的帮助下，利泽社区增强了集体凝聚力，同时，她也获得了居民们的尊重，提升了自己在其中的社会地位。

利泽社造的另一项成果是"公唉逮及"的出现。在前期一两年的各项活动过程中，社区里发明了一个特别的词——"公唉逮及"。在方言里，"公唉"就是公共的，"逮及"就是事情，合起来的意思就是"公共的事情"。公共事务作为一个抽象实体，被渐渐感知和认可，人们根据它的原则、核心价值，在日常互动过程中形成一个相互制约的内部规范。陈育贞说，"这个过程其实对于长期内部更多的社区居民跟公共事务之间互相影响，来建立这个认知是有帮助的，透过外界的人是比较困难的。"利泽社区成功地做到了这一点。

五　社区营造对个人生命历程的影响

受工作方式的影响，陈育贞对待家人也有一套特别的方式——"我必须非常好的，很负责任地去安顿我生活中所有的人，包括与我离了婚的丈夫、我的小孩、我的父母亲、我的兄弟姐妹……因为我要把他们安顿好，自己取得某一种模式，要建立一个模式，我必须非常努力地去建立这个模式，我才能安顿、处理、投入在我的生活里面。所以它是一个颠倒的过程，不是我的家人关系支持我，以至于能放任我，所以我能这么做。毕竟这个状况基本上是大部分人不能接受的，而且你有很多事情会和他们产生理解上，或是任务合作上的矛盾。所以如果我需要开展我的工作，那我就必须要试着跟他们建立一个可以互信、相互理解和分担的模式。"

陈育贞从不介意谈起自己已离异的婚姻状态，在她看来，前夫曾先生虽已卸去丈夫的角色，但他仍以良师益友和孩子们的父亲的身份出现在她的生活中。他们的感情一直很好，作为同行，他们还是会相互交流和讨论。曾先生是一名大学老师，擅长诠释和分析问题。陈育贞身处社造的第一线，很多时候都忙于处理问题，缺乏足够的时间去反思所经历和发生的事情，很多时候，她会跟曾先生讲她现在的处境，然后曾先生就会去帮她诠释和提炼，告诉她"你那个就是……（理论）"。相反地，由于长久地处于"象牙塔"之中，曾先生很少有机会去接触实务，需要的时候，他就会请陈育贞来填补这一空白。有一次，曾先生在台南办了一个研讨会，有一个需要用经验做论述的部分，陈育贞二话不说就答应了，从宜兰千里迢迢赶到南部。陈育贞和前夫的这种相处模式不仅促进了两人的工作交流，也得到了包括子女在内的身边人的理解和认可。那次研讨会结束后，有人跟陈育贞说："我觉得你跟曾先生应该不要办这种研讨会了啦，你应该要去办那种分享婚姻经验的研讨会！"

陈育贞与前夫曾先生育有一男一女两个孩子，目前女儿在念研究所，儿子在读大学。孩子们刚出生的时候，陈育贞还在德国留学，她甚至连喂奶、换尿布这样的事情都是在学校里完成的。孩子们还小的时候，已有很多时间跟着陈育贞四处跑，对母亲的工作环境十分熟悉。受母亲及其工作氛围的影响，孩子们很早就有了思辨意识。

陈育贞所在的团队，有很多不同年龄层的人，有的年轻人和她的子女年龄相仿，有的则和陈育贞差不多，还有的比陈育贞还更年长一些，虽然大家做事情的方式和重点不太一样，但在一个大框架上是可以对话的。两个孩子处在这样一个环境中，与不同年龄层的人对话，感受他们的思维模式的差异，也透过这个大社群看到自己的差异，积累了很多辩证的素材和内容。在陈育贞看来，这是一个接触不同社会环境和形成不同思维碰撞的绝佳机会："小孩不一定会完全受到我们的影响，走上我们的路，可是那个辩证的过程很重要。"

最难得的是，陈育贞的付出不仅改变了宜兰，也改变了父亲。陈育贞从德国学成回台湾后，曾在一个大专的建筑系当过一段时间的老师。当她辞去教职，准备转入台大城乡基金会工作的时候，这一决定遭到了家人的激烈反对。她的父母认为，照顾小孩是母亲的天职，即使要工作，也应该把母亲的角色扮演放在优先地位。可是基金会繁忙的工作使得陈育贞常常是半夜三更才回家，甚至还有人把电话打到家里和她商量公事。陈育贞一心扑在工作上，很少有时间照顾两个孩子，这多少引来了家里两位老人的不满。

但是，渐渐地，事情发生了变化。有一次，陈育贞带着家人去宜兰的童玩节，在路上偶遇当地的文化局长。对方向她父亲形容了他眼中的陈育贞，以及陈育贞所在单位对宜兰事情的关心。家人们虽然并不完全听得懂其中的细节，却从对方的神情和语气中听出了肯定和感激。由此，家人们对陈育贞和她所从事的这项事业的态度开始发生转变。

时间又过了大约十年，有一次过年回家，陈育贞临走的时候她的父亲——一名退休的老公务员——拉住她坐下来，对她说："我这辈子所做的努力其实是小善，你们做的事情是大善！"听到父亲由衷的褒奖，陈育贞内心十分感动。十几年的坚持过后，她的事业终于得到了父亲的理解和支持。陈育贞说，她的父亲现在一直很希望陈育贞能帮他引荐，让他深入社区贡献余热，身体力行地支持女儿的事业。

陈育贞，用女性特有的坚韧不仅在服务着社区，也完成了对家人的一次"社区营造"。

【我眼中的社区营造】

在台湾，人们习惯于"上街头"（即街头抗争），但"上街头"只是能让事情有转圜的空间，而新的答案，或许还要从社区营造中寻找。人的成长是一个渐进、有一个生命的过程，同样地，如果你认定社区是具有某种人格特质的一个生命体，那么其发展历程必然也是这样的。

【送给致力于社区营造的工作者们】

我留学回台湾之后并不喜欢讲德国经验。当年我们在台湾听到了非常多的外部经验，所以我们仰而望之，恨不得赶快能够得到一样的经验，我们认为那个经验可以有助于我们来衔接跟提升的。但当我到德国之后，发现事情并非我所想的那么简单。

所以在整个访谈过程中，我并没有主动提德国的经历。因为我觉得一旦说了以后，所有的人第一个想法就是先去一探究竟再说，我发现这就使得非常多的能量消耗在这里，做无用功，而不是投入到地方直接去发展。所以我回到台湾以后一直努力去做，我分享的都是"我们如何做"。我们自己找一个我们"能"的方式，先把本土的能量、本土的想象力、本土的可能性和本土的信心给发掘和建立起来，这是第一要务。

社区营造触及的事情很多，能够看的案例也太多，但是如果自己没有一点思考而是单纯抱着移植的想法就会发现，案例看到再多也不过如此，所以我们要先停下来对自身的社区状况进行反思，有了一定的思考之后再去观摩其他地区的方式，只有这样才能够有正确的对话。

冷尚书

清水沟重建工作站站长

清水沟，围绕的三个村子的小溪有着最纯粹的人情味，

"9·21"大地震之后清水沟工作站成立了老人服务，

而后更结合了茶叶、农产，开发了社区产业——清水茶坊。

是科学还是人性？是社会运动还是社区营造？

因目睹了人生、体会了人性，

他了解人的不完美也了解再合理的论点都会因人而异，

所以在能够承担的限度下竭尽自己所能去做，

让社区饱含了对"自然"及"人"的感念之心。

第七篇

冷尚书：

在社区营造中解放自我

（冷尚书在清水沟工作室内留影）

冷尚书是台北人，早年是一位专职的劳工运动组织工作者，多次领导基隆地区仓储运业的工人进行大小规模不等的激烈罢工行动。在多年从事劳工运动后，逐渐感到台湾转型后的社会运动，无论在方法或组织上都有值得进一步批判的必要，尤其得从社会运动者自身开始批判起。1998年在工会组织仍处在斗争高频之际，他却转而开始进行已中断多年的专业学习，接着考进台湾清华大学社会学研究所就读。1999年，台湾遭逢百年来的重大灾变，他经过短时间考虑之后，决定做出重大的志业转变，投入灾区进行社区营造运动。他在工作站一直负责社区组织发展并一路建构社区行动理论。清水沟重建工作站的前身是竹风清水工作队，在"9·21"地震后由台湾清华大学社会学所师生、台中艺文团队，以及新竹文化协会三个团体在地震后十多天所共同组成。多年以来经历了许多内部冲突、改组、摸索、人员更迭，才呈现今天的面貌。它自一个将近十个外来工作者所组成的志愿性团队，一路在地化。灾区这些年的营造经验，占据着冷尚书生命中无可替代的位置，他似乎在这个台中的小村落里构建着理想中的"共产生活体"，又似乎在找寻着一条自我救赎的心灵解放之路。

一　初入清水沟与取得信任

清水沟工作站是因为"9·21"大地震而出现的一个新团体，可以从它资源的演进来透视社区营造工作面对外界资源时的态度与处境。当然，"9·21"大地震是一个机缘，在短时间内让许多民间自发的力量涌现，也让这些团体因为"9·21"的资源而有机会生存。但是离地震的时间越远，真正生存的挑战，也才正要开始。从"9·21"震灾开始，许多外来的个人与团体志愿进入灾区，也有许多在地人士自发组成团队，开始了各式各样的救灾及重建工作。在这个混乱而多元的时期，资源的流向是一种有机的状态。各式各样的联结甚至个人自掏腰包的状况都会发生，大家抱持的信念就是"先做了再说，救灾重建要紧！"清水沟工作站在前半年的状态，大部分是成员自掏腰包。冷尚书也拿出了大量的个人积蓄。

过了约半年的"混乱"期后，清水沟重建工作站的第一笔外来资源出现了。来自台湾民间灾后重建联盟的联络站维持经费，也即，作为重建联盟在地方的联络单位，重建联盟会提供一笔站务基本维持经费给在地团队使用。另外，则是可向重建联盟提案申请经费使用。这个时期，清水沟提出了关于灾区儿童、妇女，及组合屋环境改善的计划，开始了向外资源的取得。在此，重建联盟从初期作为民间捐款与政策监督单位，转而直接对灾区社区工作团队的经费协助，对灾区产生极大的影响。这不仅协助清水沟工作团队可以继续维持，更给予了他们最重要的社会信任与支持。接着，某基金会（在此隐名处理）的协力专案开始，起初的精神是接续重建联盟支持民间工作团队方案的进一步推进，但却提出了相当完备的计划案申请格式与流程，刺激了清水沟工作团队的正规化调整。这个方案成为清水沟工作站 2002 年最重要的经费来源，直接促成了清水沟当时重要的两个方案：成立并推动社区产业"茶叶合作社"，以及社区照顾"老人食堂"的主要经费来源。其中老人食堂由该基金会补助"秀峰社区照顾送餐计划"经费新台币 59.8 万（约合人民币 12 万元），经费使用项目含人事费、业务费、材料费、设备费（装设老人食堂及厨房）等。

　　但是 2003 年度，清水沟工作站却拒绝了该基金会 220 万新台币（约合人民币四十四万元）的经费。这是清水沟工作站最重要的转变，从此，清水沟工作站走向了与其他大部分工作团队不同的命运。为什么会有这么大的转变呢？冷尚书觉得关键在于"社会信任"，也就是资源的管理者是否与民间工作团队形成一种平等伙伴关系，支持民间工作团队做他认为应该做的事情。2002 年底，该基金会召集重建区中申请协力专案属社福性质的工作团队召开所谓的"执行成效检讨会"，基金会在会中规定 2002 年度执行老人送餐的计划案结案核销时一律以送餐人数为准，每人每天补助新台币 75 元（约合人民币 15 元），乘以执行日数，余款必须退回。老人食堂在 2002 年下半年的计划执行期间，花了不少时间从事准备工作，因此实际开始送餐较晚，若以人头计算餐费，此补助经费一半以上需要退还。这不符合当初与各工作团队签订的补助合约内容。当时，若依基金会的规定以人头为单位来核销，那么依合约内容签订的核销单据，工作站的财务方面有限大的操作难度。这个问题在清水沟工作站内引发了很大的对外信任危机，大家对于该基金会这样的态度和操作方法感到十分愤怒。冷尚书在此时依据过往社会运动的判断逻辑认为这是经费管理者的权威"游戏"。但是，他眼前面对的更大问题是生存问题，新台币 220 万对一个民间工作团队来说，是一整年的营运经费。"如果我们为了原则问题而放弃生存，值得吗？"最后经过内部深入而激烈的争论之后，冷尚书回信给基金会写道："……贵会完全无视基层工作团队与贵会为灾区伙伴之平等互动关系"，因此他让主管财务的团队伙伴退还 2003

年度的所有款项。现在看来，这个决定有极其重要的意义。第一，他与工作伙伴学会了不依赖单一大量的资源，不让"资源的有无"成为工作站是否继续社区营造工作的理由；第二，对于日后有任何被他们判断为"不公正"的资源提供方，冷尚书已经为自己和团队注下了一支预防针；第三，冷尚书认清了社区营造工作不可单纯依赖外来资源的本质症结，更努力发展社区产业，以支持社区自力照顾的理想；第四，也是最重要的一点，通过这次的博弈，冷尚书更看重自己身为社区营造工作者的价值，绝不要成为复制经费管理者意识形态的附属工作者，而成为自己，这是冷尚书为自己定义的最重要的价值。还好，这次的危机靠着许多认同冷尚书理想的朋友与许多民间团体力量的支持，让清水沟工作站得以继续生存下去。

此后，政府的社区重建和营造的经费计划极多，但是清水沟却不如以往积极地申请计划案，而将力量大部分放在社区产业——"问茶馆"的推动上。冷尚书也发现许多到现在还能继续生存的灾区民间工作团队们，似乎也像清水沟这样带有一种莫名的"固执"和"不识时务"，以及一种相信"人"的价值。

二　社区照顾的思考与实践

传统农村人口的老化、青壮人口的外流，常常被视为社区经营的负面因素。老年照顾常被以问题意识的观点，视为社区急需解决的问题。但是，如果这是台湾农村普遍发生的现象，社区营造工作者在无法改变大环境所造成的影响时，该如何面对？这是一直以来困扰冷尚书的问题，而他接下来就将他的思考和设计转化为解决公共议题的个性化实践。清水沟重建工作站所在的社区，是重建区为数众多的传统农村社区之一。老年人口比例高，老年人独居乡下、子女出外谋生的情况十分普遍。清水沟重建工作站于 2002 年开始逐步推动"老人食堂"，以社区照顾的精神，提供有需要的老人午、晚两餐的基本生活照顾，以此为基础更进一步深入提供老年社区的生活经营。一般的社会福利都需要依赖政府的资源，当资源不在时，社会福利也就消失了。为使"老人食堂"不依赖政府资源，工作站为社区的老公公老婆婆提供的餐食，一餐收取约新台币 25 元（约合人民币 5 元）的费用。另外，由所有工作人员共同出资成立"问茶馆有限公司"，以销售当地茶叶产品，支持老人食堂的运作。

与传统的社会福利，即视老年照顾为一种单方投注的慈善事业有所区别，"老人食堂"的社区自力照顾理想，成为清水沟经营社区最重要的价值。经由"老人食堂"的经营，社区照顾带动地方产业文化的可能性也才被突显。农村传统社会互助的机制，常在现代社会福利制度下，渐渐消逝。政府透过一套专业社会福利的介入，使得人情与传统互助照顾的精神不再被倡导与需要。但是透过如此制度化的筛选，也使得许多位于福利边缘或是不符制度规定的人陷入困境。农村里许多独居的老人并非低收入户，也并非子女弃养，他们只是不愿离开从小生长的农村环境跟着子女迁到都市生活。因为，农村除了保有较多老人从小生长的自然环境外，更保留了都市里最缺乏的人情社会的所有特性。相比于农村人与人之间自然流动的情感，老人很难适应人际关系疏离的都市。而正是这份情感，成为清水沟工作站投入社区照顾最大的动力，以当地的社区团队照顾当地的老人家，努力实现不离故乡的老有所养。而更进一步地，冷尚书将这样的情感成为一种需要被传达的理念、一剂现代社会的良药，而成为清水沟工作站的核心价值。以居住在社区的人照顾自己社区需要照顾的人，老人食堂不仅创造了当地居民的就业机会，更满足了农村社区老年人被照顾的需求。

之后，冷尚书请人建立了网站，让想要了解他们的人可以得到详细的资料。冷尚书这种关注"自我"的社区营造理念，通过透过茶叶的各种销售管道，如各种媒体、购物网站，或是其他百货零售合作厂商的销售途径不断向外传播。他们的商品从制作工艺到口感体验再到包装设计，无不传递着老人食堂社区照顾的故事与理念。冷尚书认为，商品的购买也是一种表达方式，许多朋友通过购买商品来表达他们支持社区照顾的理念。目前清水沟工作站开发出了两类商品，一种是问茶馆茶叶相关产品，此种产品已进入专业市场，提供精致礼品形式的包装与营销，已建立市场不错的口碑。让这份商品不只是单纯商品的消费，更代表其背后支持当地社区照顾的重大意义，同时也是象征着台湾本土的农产品创新升级的强韧生命力。这样一个社区产业平台搭建之后，问茶馆网站上开始拓宽行销上下游，所售商品也体现出地方产业的群聚效应，已有的销售商品包括茶、茶食、各类农产品（如炭焙龙眼、"好体面"、苦油茶等），以及友善小农平台上其他伙伴社区的农产品。

另外一种商品是老人食堂的餐食与便当。老人食堂的厨师在经过许多培训课程之后，有能力提供体现当地风味特色的专业水准餐食，还可提供游客用餐及会议服务的外送便当，具有支持社区自力

问茶馆网站

照顾的意义。另外，清水沟工作站更透过客户资料的建立，发送社区报，在每月两期的社区报上报道老人食堂的故事，刊登阿公阿嬷的老照片、问茶馆产品以及全台茶叶知识等信息。透过报纸具体的照片与文字，传达来他乡山林里的消息，分享来自乡土的人情与温暖。

深度旅游则为一种面对面的深度互动的尝试。冷尚书与团队伙伴可以根据来访者不同的需求，提供不同内容的深度体验。例如想要了解社区如何经营的其他社区工作者，冷尚书他们可以提供社区经验交流与分享；对问茶馆有兴趣、想要了解制茶与茶叶文化的人，他们可以提供制茶体验营与品茶活动；对老人食堂有兴趣，他们就让来客体验老人食堂餐食的制作过程，并邀请来客亲自送餐到阿公阿嬷家并共同用餐，感受农村的人情；对农村及自然山林有兴趣者，他们可以提供各种自然与农村的体验，分享清水沟的民居生活。旅游带来的是餐食与住宿的需求，餐食能依据来者的需要，由老人食堂提供不同的需求（从简单的五菜一汤到自助式中餐的办桌）；住宿则经由培养当地居民民宿的基本训练，提供住的房间及生活的分享。此种深度旅游，是外界了解社区自力照顾最佳的机会，更可经由直接互动，带来一种生活分享而非消费式的互动，促进外界与清水沟乡民彼此了解与相互学习。

清水沟因为拥有社区自力照顾的价值，于是发展社区产业变得有意义。因为从事实际的社区照顾工作，冷尚书与他的团队伙伴也就更贴近社区的需要。而由于团队的工作者都认同于社区自力照顾的价值，也从这样的工作里获得力量，所以冷尚书得以将这样的价值分享，让更多人从冷尚书和他的团队伙伴的故事获得温暖与力量，并进一步用各式各样的方式参与这样的梦想。

三　与地方政府的关系处理

清水沟这个社区必然也存在很多的社会问题，冷尚书从来不视自己为上帝，也不是政府代表。他希望可以选择能够承担的部分，比如说愿意为这些老人付出，而其他的领域，他认为自己与自己的组织并没有责任。

冷尚书认为他们与地方政府关系潜在的张力就在于，政府看到社会组织做好一件事后总会产生更多的期待和要求。面对这些，冷尚书常常扪心自问：我到底有没有能力解决这个问题，或者是，我去解决了这个问题之后，地方政府会不会又把后面的问题都带出来交给我，那么这样一来，我还有没有必要继续承担？

他认为清水沟工作站用了一个很奇特的方式，用属于他们自己的方式，可以与当地社区的老人形成一个好的关系，这是一个好的生活经验。冷尚书说自己常常被问起一个问题：你觉得这个村有没有变？他笑称，如果提问者是他的好朋友的话，他就会直言不讳地回答道，这关我什么事？在他看来那些整天想创造出"社区营造者"这个概念的人就非常喜欢这个问题。但这应该是政府政策要去面对和解决的问题。

他提倡在进行社区营造工作时，外来工作者必须要认清自身的"有限责任"。冷尚书说："我希望工作站的伙伴通过自己的努力，在团队内部提供学习的资源，然后通过送餐，让他们看清楚可以跟老人之间形成人跟人之间善的相互关系，然后他们通过自己的努力，是可以完成自己的成长，同时可以带来良好的与老人之间的互动关系。这些只要他们相信自己的能力，那么他们就一定会做到。我要他们学习到的是——相信自己只要努力，就可以做得到，而且可以把它做好。我希望我的伙伴们活在这样的生活方式里。"

冷尚书对于在清水沟的"有限责任"做出了清晰的划定——老人是清水沟工作团队的服务对象，团队是他的责任，而整个村的其他方方面面并非团队必须承担的职责。对于一个自力谋求发展的小社会组织而言，在组织目标之外如果再去承担解决其他的问题，可能会将团队垮掉，这是冷尚书一直最怕看到的状况。"我们只要把现在我们能做、想做的东西做好，那就好了"，冷尚书对团队有着清醒的定位，但是让团队伙伴们与他这种社区里的"有限责任"的想法产生共识还是需要不断的磨合。

当被问道他与他的团队是否会与地方派系产生矛盾时，他做出了如下的回答："我要不要去跟地方派系去进行政治斗争？这个事情对我来讲不难，但我们不愿过多涉足，我们只想承担好'有限责任'，也就不会过度争利。而且，在清水沟我自己也已经是一种'势力'，所以地方派系不太愿意碰我。"

四 经验整合中的"自我解放"

冷尚书看来，在清水沟的社区营造运动与他早年在工会里面的工人运动是相辅相成的，他从不讳言在对这两边的经验进行着整合与利用，但指向的目标却是一致的——那就是在不同的社会运动场域寻求自我的解放。

目前为止看得到的，台湾的社区运动没有办法变成传统的社区运动部门里面的革命，也就是说因为是用日常生活把文化放在"战场"，也就没有办法像传统社会运动部门，无法直接进入到一个群众的集结或者草根力量的直接集结，然后真的在某一个社会的压迫结构里面去突破它，这基本难以实现。因为社会的横断面不是一个客体，它常常会是主体内在，并冲撞行动者的生活方式和价值观，这与社会运动的意义有关，比如环保的或者是核电的议题，或者是市场上贩售的食物里面要不要加某种添加剂，这些东西传统社会运动部门会进行讨论，可是在社区运动里面，不太会这样，社区工作者需要思考的仅是能不能提出一个新的生活想象，然后通过行动让自己进入那样的生活里面并去实践它。社区运动里面的运动立场通常对着自身的生活方式来，这使得它没有办法从传统社会运动的视野被解读，这是社区运动里面很吊诡的一个地方，不太能够看清双方立场下的激进的对抗系统。要获得这一智慧，需要透过生活去进行，而不是透过对抗的方式。所以传统的社会运动部门的参与者不太能够看透。在视野上面，他们都有着局限，因此当没有突破这种认识论束缚时，即便进入了社区运动里，也容易陷入提出的一些想象依旧还是传统社会运动想象的闭环。而冷尚书所做的，就是在社区中，不断让自己获取这样的智慧。

冷尚书在跟社会冲撞或往来的过程当中，第一个要问的是自己解放了吗？这永远是他衡量下一步决策的首要关注点。不管碰到什么样的社会现象，什么样的社会矛盾，当他在准备要去冲撞的时候，他已开始习惯性地反观自己。在他看来，没有这样的意识的话，太容易自我麻痹，"有一些人心里只要想反正错的都是外面嘛，把一切都视为敌人就好了，自己又永远是无敌的，是没有缺点的，永远都是正义，当这种人太容易了"。经历这些年的探索，他形成了一套属于自己的行动哲学：解放是一个复杂的、多层次的过程，每一个人都在解放的过程当中，只不过是他有多大力量，都要去面对，他该要自己解放自己。哪一些议题，哪一些层次里面他能够做得来，这没有一个叫作"解放完成式"，只有正在受苦或正在解放当中的一个。对他来说，他自认为比一般人更多地看到自己身上的不自由，然后要储备足够力量去冲撞自己身上的这种不自由。他反问道，"如果这会是一个很棒的人生，那么我为什么要去变成一般的人？"当他讲述下面这段话时，笔者认为他更多地在与自我和解：

"对我来说，我不是在选择工作或者是社会角色，我在选择的是我要成为一个什么样的人，这个真的解决了。所以我现在面对社会时头脑很清楚，看过去一堆同样在搞社会运动的人，我一看到就知道他们现在面对的毛病，他们对自己的地位是非常在乎的。这不是境界出了问题，因为有多少人其实是在这个过程当中没有办法去享受解放的乐趣，因为他害怕，害怕失去东西，这种人搞运动其实是很痛苦的，自己也痛苦，然后把他身边的人搞得更痛苦，你不放掉东西，你叫什么解放？就是要放掉东西，才可以自由起来，只是他们脑袋瓜里面正好相反，觉得放掉东西就会变得不自由。因为我在台湾的新闻界里面会被视为某一种精英。他们的论述方式是说，你之所以这样子，是因为你有足够的条件。可我却认为我有的条件都是主观的条件，我自己要面对自由跟不自由的选择的时候，我要自由，其他的东西绝对都会扔掉，对失去的恐惧也不再投射到我的行动中。"

一路走来，冷尚书和清沟沟工作站的伙伴多次遭遇到经费补助的中断、社区政治的压力、工作人员更迭等的问题，他不断地对组织和工作目标进行重组、转型、调整，尝试、创新、创造不同的方式，为的只是让他们这一群人还能够在一起工作，一起为这个扎根下的社区做点事。冷尚书用他独特的社会理解不断转化着过往的社会运动经验，形成了一套关注"自我"、促发"自力"的社区营造模式。清水沟工作站成立到现在 16 年的时间，老人食堂运作近 10 年。目前，整个社区自力照顾系统对于政府部门资源的依赖已降到最低，虽部分仍需要民间团体的支持，但尽力经营其自力部门的理想仍努力不懈。它不仅代表了当地社区工作者投入自身社区的承诺，更代表着由于社区照顾价值所带来的产业经营的精神。

【我眼中的社区营造】

这里面有一些很重要，是我后来几年才慢慢看清楚的东西。在进入社区之前，我觉得那个时候自我身份认证上面出了一些问题和偏差。过两三年后，我慢慢地从自己工作团队的外来工作者，找到了自我的价值感，就是叫自我救赎。

进行社区重建或营造，不是因为灾难或者别人才去做的，而是为了自己的内在。有很多人在进入灾区的那个阶段，其实个人的生命碰到一些问题。可是很多人刚去的时候，不知道这点，以为说是在对很高尚的社会情怀的实现。其实你到社区之后，你是从另外一个自己的问题去投入别人的问题里，可是你因为在问题里，你要从别人的问题那边重新回头看自己。你会要求自己要勇敢，要果断，要有力量，这样才能真正为社区做些事情，也真正让自己清醒地为人。

【送给致力于社区营造的工作者们】

唯有来自温暖人情与工作者的承诺所发出的力量，才真正能够成为支持产业和社区发展的动力。

彭国栋

前台湾"农委会"集集特有生物研究保育中心副主任

桃米村生态保育辅导专家

曾为特有生物研究保育中心人员，后以生态专家的身份参与社区营造。

有人关注生态与社区有什么样的连接点，

生态能为社区带来什么样的利润？

除了这些，他更愿意看到当居民们

因了解环境的特色进而对社区产生认同及爱护。

当有人称赞他成功地塑造了生态旅游带动了产业生机，

他更愿意说：如果每个人都觉得自己的故乡最可爱，那就有救了。

邱富添

桃米村村民

绿屋民宿的主人，

桃米村最早投入社区营造的当地人之一，

他极有经营头脑和讲解才华，

大家亲切称他为"青蛙王子"。

（图中为 2011 年，彭国栋参加新故乡文教基金会董事会）

第八篇

邱富添、彭国栋：

社区营造的多方参与力量

（邱富添在自家的绿屋民宿院内）

我们再回到桃米村的社区营造，自1999年始，这16年的故事里有许多"柔软的力量"，灾难背后是重建的困境，要找出一种新的重建可能性，并不是那么容易的事情，除了如新故乡文教基金会这样的外来辅导陪伴组织之外，当地能人、外来专家的积极参与都是至关重要的。

一 震后社区居民的困境

1999年以前，桃米社区的以它的原名"桃米里"存在着，这个名字只被埔里镇的人们所熟知。20世纪，埔里镇的很多村庄缺乏或没有米粮，村民只有到埔里镇去购米，路经桃米的地方被叫做"桃米坑"，随着时间的推移后来演化成了"桃米里"。工业迅速地发展起来，来桃米村的人逐渐减少，更多的人都选择去大的都市发展。20世纪末，拥有1200人的桃米村接近一半的村民外出打工，社区逐渐变成了一个农业经济衰退、人口结构老化的地区，桃米村变成了一个较为贫困的村落。与此同时，埔里镇占地18平方公里的垃圾掩埋场也被设在了桃米村，虽然桃米村也有森林、湿地、河川、农园等多姿多彩的自然资源，仍被戏称为"垃圾里"。1997年，刚过而立之年的村民邱富添为照顾家中年迈的老人而回到了村里，"说实话，当时不是很想回来。"由于邱富添在村里看不到希望，他不愿意回到桃米村发展。在20世纪90年代之前，麻竹笋是桃米村村民最主要的经济来源，然而其价格却在20多年的时间中一直维持在1公斤3块新台币左右（约合人民币0.8元），而每到收笋时节，年纪尚轻的邱富添都必须凌晨

3 点多就起床帮家里挖笋。由于贫困且辛苦，邱富添在高中毕业之后便离开了桃米村的家乡，在台北闯荡的过程中又先后做过油漆工、电工、车床工，还做过出租车司机。当邱富添重新回到桃米村后，他从家里接过了已经经营 20 年有余的麻竹笋园，一年之后，他发现麻竹笋的总收入不过 12 万新台币（约合 2.4 万元人民币），"这如何养家糊口？"之后，邱富添索性放下麻竹笋园，全身心地投入到网络炒股，也许那个时候他认为自己的人生也就只能这样度过了。然而转折点还是来了，就在他回到桃米村的第三年。

1999 年台湾发生了 9·21 强地震，百年难遇的大地震让桃米所位于的南投县成为了重灾区，桃米距离震源只有 20 多公里，全村 369 户人家，168 户的房屋倒塌，60 户的房屋半倒塌，整个村庄成为了一片废墟。在桃米重建的过程中，需要面临的最大问题仍然是贫困，地震给桃米带来的是巨大的伤痛，而除此之外还有桃米产业的没落，更准确地说，社区居民的迷茫与裹足不前一直在困扰着桃米的发展。9·21地震让桃米在一夜之间成为了世人所瞩目的村庄，在受到关注之余，桃米多年来人口外流、产业没落的情况也引起了人们更多的反思。社区居民都很清楚，桃米在重建之后，新的产业如果仍然发展不起来，那即便盖出再好的房子，村民注定还是要离开家乡。

二 外来专家与辅导组织开启的生态新希望

"农委会"集集特有生物研究保育中心（特生中心）是新故乡文

教基金会邀请来对桃米村进行生态调查和规划的团队，彭国栋是特生中心的研究人员中参与度最高的老师，他自 2000 年起就开始陪伴着各式生态社区的起步、发展与成熟，如今他已退休，但在村落社区和田间地头仍随处可见他的身影，他总是乐此不疲地为乡村经济发展摸索出路。从前他是生态研究专家，现在他做社区经济辅导的工作，经过深度的交谈，可发现他在自己的角色转型过程中承载了非常大的压力，但他说，凭良心和热情做事，他很开心，也很满足。

　　经过彭国栋老师的深度调查，他发现桃米村的资源开发度极低，在桃米村丰富的生态资源中，台湾的 29 种蛙类和 143 种蜻蜓中，这里分别有 23 种和 49 种。他向新故乡文教基金会的廖嘉展董事长提出了开生态课的建议，"如果本地居民都不了解自己家乡的生态资源，又何谈生态保育？"在随后生态系列课程的开展过程中，彭国栋用深入浅出的方式，将生态的奥秘巧妙地传达给桃米的居民，改写了他们对自己家乡的认知。

　　每年的 3 至 9 月份是生产竹笋的旺季，村民们白天忙的不亦乐乎，晚上吃过饭后便匆匆地跟着彭国栋老师来到溪间湿地做起了蛙类调查工作。"自动跟着彭老师上了生态课后才发现，原来桃米村到处都是宝！"邱富添在惊喜之余突然对自己所生长的土地肃然起敬起来。彭国栋老师在开展生态认识课后往往为了理论联系实际会开设非常具有实用价值的"生态解说员"课程，作为经济转型以及永续经营培训的一部分，这样的课程已经开过了很多班次，但在第一次开班时只有 25 人，而更多的人选择了观望。其中的邱富添实际上也是因为盛情难却才被动地加入到学习行列的，进行了一段时间的课程后，他依然很迷惘，看不到发展的前景。于是，背负着沉重的家庭经济压力的他开始"逃学"。但邱富添精明干练的才能已经被彭国栋老师所关注，每次田野调查他都会亲自上门邀请邱富添，盛情难却下，邱富添只能每次都乖乖地跟着老师出门。

新故乡基金会有一个新式的"以工代赈"策略，这对很多居民起到了学习激励的作用，同时也是让邱富添"变乖"的另一个重要原因。当时，经过与政府签订合作协议，社会捐助和政府补助都是经过基金会的中转后才发放给民众的。"以工代赈"的新式策略是在桃米村重建的初期即被创造了出来，根据新故乡文教基金会的规定，桃米的村民每人每个月可领取到15840元新台币 (约合 3200 元人民币) 补贴基本生活。周末救济金和课程挂钩，年轻的村民白天劳动以重建家园，晚上则集中在一起上课，周末时被要求全天上课，只有上课的村民才能领取到周末救济金。起初邱富添不理解基金会如此的举动，但为了领取到救济金也就只能去上课，他把这种"硬着头皮上课"的方式称作"绑桩"，即将救济金"绑"到上课的"木桩"之上。第一堂课共有 30 多村民被"绑"，"我不知道是上什么课，集合的时间比上课的时间还要长！"除了上课之外，村民们还被要求到公共区域除草、捡垃圾，以及将树苗栽到社区的各个角落。社区营造的工作者以这样方式增强居民对故土的认同度，邱富添说："这些树还小的时候就是我亲手种的，看着它们成长，我很有成就感，就像自己的小孩一样，有一种莫名的情愫在其中，那种情愫和土地、人完全结合在一起，而并不是剥离开来独立存在的。"

邱富添从小在田间地头捕蛙喂鹅，在兴趣的驱动和制度的激励下，他跟着老师每天上课，坚持学习，由于好奇心，他一头栽进了青蛙的世界。至第一批学员参加认证考试时，邱富添荣列过关的 5 人之一，但领到证书时他仍然纳闷："桃米这里穷乡僻壤的，难道还真的会有人到这里住民宿，来旅游吗？"那时的邱富添一心只为填饱肚子，他甚至自嘲："证书我是有了，可你让我带谁？"

2001 年 9 月，在"9·21"地震后的两年之际，"桃米生态村"以全新的样貌进入了试运营阶段，新故乡联合特生中心策划了以"抢救台湾生态，绿色总动员"为主题的活动，一时之间，社会上热心于环保事业的各界人士齐聚桃米村。邱富添负责在出场时以 PPT 的形式解说桃米村青蛙生存状况，当他知晓现场有青蛙研究的生态专家时，邱富添手拿镭射笔指着幻灯片上青蛙，微颤着声音说："拉都希氏赤蛙的鸣囊属隐性，它鸣叫时的声音像是挤在咽喉里发不出来，和上大号时的'嗯嗯……'声有异曲同工之妙，我儿子把它叫做吃西瓜拉肚子……"他拘谨而又不失风趣的首演逗得现场听众乐不可支。

现如今，邱富添已经成长为一个自信且又风趣的知识青年，"10 年内，我和 100 多位教授交流对谈过。"新故乡文教基金会在 8 年前为他精心安排的首演，使他获得第一笔生态解说费的同时，让他深深地意识到："原来老师所讲述的知识经济都是可以成真的。"在起初的 4 年，以给他人讲解青蛙与生态为职业是邱富添家人难以理解的事，现在，作为生态解说员的邱富添不仅在桃米社区有着响当当的名声，到其他社区也可通过分享经验获得报酬。回忆当初师从彭国栋老师的那段学习经历，他仍然记得彭老师的一段话："如果你们今天是玩真的，我就继续陪伴你们，全力支持你们，如果你玩假的，我也可以拍拍屁股走人。"在生态解说的前景还不够明朗的时候，邱富添也曾想过要放弃，但同时他也知道，如果放弃，也许就不会有现在的桃米社区。如今的桃米以生态为本，产业为用，社区居民从生态保育和生态的改善中间接地获得了良好的效益。桃米村在总体耕作面积不变的前提下，不使用化肥和农药保育，物种是原先的 50 倍，经济收益的增长幅度是原先的 20 多倍，为什么可以得到如此好的效果？经过生态导览的解说后可知，游客来到桃米"吃喝玩乐"，因此对餐饮、民宿、生态导览、衍生产品消费等均有大量需求，居民便有了旅游产业的全方位收入。相应地，生态旅游会增强桃米居民对自身所处环境的认同，让他们更自觉地维护当地生态，并持续地传递给后辈人，这也就是社区的永续经营，在短短的 16 年内便得以完成。

三 生态保育活化社区

彭国栋老师认为，生态教育牵涉的范围极广，包括专业的生态学知识、经济、社会文化以及观念冲突等，被很多人认为是吃力不讨好的"麻烦"事，特别是在广大的农村地区，很多居民虽然有生态保育的社区意识，但由于专业性保育知识的欠缺，很多人在长期的生产生活和传统文化的影响下形成了偏爱不会长虫、干净不落叶以及一些大红大绿的植物，且认定了水泥堤坝更为安全，昆虫鸟兽总是危害农作物的思想观念，想要在短时间内改变农村居民的这种思想观念极为困难。因此，在社区教学过程中必须对课程进行妥善规划，以循序渐进的方式授课，且亲身参与实践体验，要多以感受连续性的教育理念给予启发和诱导，避免出现"差之毫厘，失之千里"的谬途。因此要结合当地环境，配以活灵活现的调查和体验，从观念上改变居民的认知，增加他们的生态意识，这也是推动社区生态保育的首要工作，只有建设好社区的生态环境，生态经济及旅游产业才会有不断发展的基础。要将生态保育工作扎根于社区，就必须要运用精致且有深度的生态教育方法。

农村社区和聚落实际上是在人类长期干扰后形成的生态系统，不同于荒野或保护区类的由政府规划实施的保育行动。比如涉及社区的河川保育、生态绿化、生态水池，还有生态工法等具体的工作和教育时，必须充分地考虑已城市化或者已聚落化的大环境因素，包括社区经济、社区文化背景、居民生活的便利性、公共设施的提供、信仰以及价值观等，在课程教育、设计规划和执行落实等各个阶段予以充分的考虑、尊重和包容。

专家学者在进行社区保育行动时应把握一些相应的原则：1. 自发形成发展共识、决定社区发展方向，那么社区内部的人员就要参与进来并负责协调、沟通、折中等工作并能够做出相应的决定；2. 要在进行社区保育工作的所在地培养出专家和领导干部；3. 要让社区保育的参与者感受到群体的团结力量，即社区的凝聚力，同时也要让每一个个体感受得到他们的个人成就。

换言之，参与社区保育的外界专家只不过是协助者，并不是完全地帮助社区完成调查、监测，以及设计教材等具体的工作，因此必须以社区为主导和主力，由社区来决定是否要做，且必须一直遵循这样的原则，也才能持久地落实和发展，否则社区就很难自己站起来。桃米社区成员大多都拥有重建社区的热心、信心，以及完成每一件事后的共同体内的成就感，在这些方面已经有非常好的进展。

在桃米，居民的生态意识教育能获得如此良好的效果，其最重要的原因可能是：所开的课程有当地的特色，符合当地的需要，教材有本土化、在地化的特点，室内理论教育和户外实地实践相辅相成，完美结合；授课的专家学者充分的了解地方资源，拥有深厚的专业知识和广博的实务经验，教学活动生动有趣，具有诱人的魅力和个性鲜明的特色，且和居民长期一起生活、一起学习、一起研究和一起成长，平易近人，博爱且耐心；严格实施认证制度，并在颁证后为受证人员提供实操的平台，大幅度地强化了动机和诱因；弹性安排时间，配合乡村进行家庭式的教学，新故乡文教基金会和社区发展协会的成员几乎全部参加，这对社区的成功建设有着正面的推助作用；社区内工人、农民、家庭主妇以及政府公务人员等对他们自身所处的环境极为关注，当地环境资源让他们的感受度、关心度、学习能力以及使命感都比外来人员更为强烈，只要进行有效的激发，就不会亚于科班出身专家和学者，这一股不容忽视的力量也是社区生态化建设最主要的希望。

　　起初在桃米村开办培训班进行生态教育时，很多人怀疑这些课程是否能收到钱，彭国栋老师认为，能否收到钱的关键在于老师对课程讲解的深度。来旅游的游客会的东西如果你也会，那一点都不稀奇，而游客不会的，你就更应该会。在课程教学的过程中，老师讲授的内容正是因为难，所以才有人愿意听，才收得起钱。也只有这些难的内容，游客才会愿意听，才会给游客带来新的知识、新的收获，以及不同的体验，而这才是生态社区最重要的卖点。桃米的解说员培训后的认证极为严格，平均下来，每个学员的学习时间长达 98 个小时，他们口才与内涵兼具。彭国栋老师认为，既然将社区服务产业商品化了，就必须要有很高的品质。

　　以社区的方式推动生态教育和生态保育是一件需要非常大的毅力和非常好的耐心的工作，但同时这也有其特殊的意义。尤其是类似于埔里镇桃米村这样的乡村社区，具备多样性的自然景观和丰富的动植物资源，还拥有一批热心的、愿意接受新观念、有强执行力的居民，以及新故乡文教基金会这样优秀的在地培伴团队，在自然条件具备的基础上，有了大家共同的追求和努力，便可成就魅力无限的桃米社区。通过这一案例让我们看到，当有生物及生态学家、相关社会团体，以及社区居民的共同投入，在爱心、耐心、奉献的前提下，不断推动和落实深耕式的生态绿化、生态工法、环境教育以及各项具体的保护措施和行动，就有可能带来社区的可持续发展并逐步地改善社区生活。

四　社区营造对社区人的意义

生态旅游形成规模后，桃米村开始兴起民宿产业，目前为止社区内共有大大小小民宿 26 家。在邱富添经营的民宿"绿屋"的院子里，餐厅、廊道、客房，无处不见形态各异、大小不一的青蛙雕塑，就连卫生间也命名为"公蛙"和"母蛙"。邱富添说，这是"造神运动"，"桃米是一个把青蛙叫作老板的地方"。最令他自豪的是，院子里的"生态池"，是居民们自己做计划，用向"社区一家"申请到的生态创意资金建造而成。生态池三道过滤处理后的生活污水流出来积在一个浅浅的水池里，种点水草、水仙、莲花，成为蜻蜓繁殖"基地"和青蛙家园。邱富添说，建造生态池更是桃米社区建构生态伦理、环境伦理和社区伦理的一个过程。他特别强调，因为建造的钱"来自社会"，所以家家的生态池都是"社区的共有财"，每一个社区成员、每一个生态解说员都可以带人来参观与分享各家的创意。

邱富添坦言其实痛苦的时候是初期。最早期，因为民宿经营方面社区营造工作者们只是给居民上了课，上完课拿到讲解员认证书，回来就要试运营民宿，新故乡基金会鼓励他先试试看，然后就帮助他引进客人，可以向每人收取五百块新台币（约合人民币一百元）。这样的方式之下邱富添开始将学习的知识和潜能应用于实际操作中。他依旧表示这个过程适应起来很辛苦：

"这两三年里面，虽然有学习，可是你在经营民宿的过程，首先以工代赈的固定收入来源没有了，我们固定的收入会有很大的压力，这个是一定的。这时需要的就是一种信心嘛，因为你如果说初期担心没有人来住民宿，然后你又有经济的压力，这个阶段，比较辛苦。为什么我可以撑过来？因为很多的同伴，这一群人共同的扶持跟陪伴，可以慢慢渐进式的，让大家产生互相支持和分享的概念。我觉得他们也是用这种途径去克服困难，但最终还是会有产生危机和困难的时候，社区的组织（指居民成立的社区发展协会）跟外来社会组织（指新故乡文教基金会）有很多想法是冲突的，外来社会组织的想法看得比较远，他们的想法跟社区居民的想法其实有一定落差。因为社区居民是阶段性成长的，那外来社会组织早就把你的很多东西想好了，在那边等你，那这个冲突的过程里面，我们会有危机感，如果那时候外来社会组织没有辅导，那我们何去何从？那时候我们还没有成型，翅膀还没有硬，还没有办法自行操作的时候，那个时候存在着非常大的危机。"

　　笔者采访他时，他正在对"绿屋"民宿进行扩建，新建筑的设计草图是他自己描绘的，而电焊、板模、装修这些雇工雇料，桃米社区的居民就可以胜任。目前他的绿屋民宿还雇用了两位社区单亲妈妈做清洁、制作餐点的工作。对此，邱富添认为他已有了自己经营生态观光民宿的一套模式，当这套模式建立且成熟后他的第一个想法就是要和社区里更多的人分享。

　　"对，我很爱分享，我希望帮助别人，我希望慢慢地在这里面影响到别人的想法和生活模式。在这个过程中，我老婆也被我改变了，她本是生于台北的都市人，她以前是不认同我所参与的社区营造的。所以说做社区营造就包括以下几点：首先，家庭营造，家庭要永续，要是我连一个家庭都搞不好，就不用来搞社区营造。这就是面向家人的。其次，健康营造，身体如果照顾不好来参与社区我觉得不行的，因为如果你的身体搞坏了，那就什么都没有了；另外，很重要的是在社区里面做事，人格要永续，因为当你人格破产之后，在社区没有办法立足下来。如果别人都不信任你怎么办？最后，就是保持一颗快乐的心，你肯定会不可避免地落入社区的冲突里，不断地受到冲击。如果要调和冲突可能要花很多时间要用很多方法去做很多事，所以现在老一代的冲突，可以导致他们一辈子不讲话，叫世仇嘛；那年轻人他可能只针对事情，不对人，而对问题时就应该要用这样的态度。所以社造讲究面跟点，我觉得不仅是参与社区组织的操作去形成一个社造，这只是一个方向，在社造里是要回归到自己对部落、对生态、对环境、对人的很多相处方式和想法，而且渐进式地得到我们所讲的那个阶段。当有了社造的理念和想法，不管是细微的或多宏大的就都可以尝试。"

邱富添并未止步于当下的民宿经营模式，他不断在推出新的想法和策略，在实践中找寻乐趣。

"我的民宿有非常多的熟客，我计划着他们可以投资我的民宿。当他们老了的时候，我留一间房间给他，然后他们投资的钱可以慢慢还给他；我还可以叫很多游客来社区里面买一块土地，当然需要对方的投资观念已经非常成熟的情况下。他可以买完土地之后，等他适当的生命阶段来这里打造他的环境空间。当他们用自然耕耘的方式，把新的乡愁的根留在这里，就会来参与这个社区，参与到环境。总结起来，第一个层次是知识经济，老师教我们，我们教游客吃喝玩乐做生态旅游；第二个层次叫心灵改革，当我们自己心里面能够提升到某一个境界，渐进式地影响到别人。别人可以用这样的方式去做延伸，土地闲置可以实现再利用，这个人的进驻对环境、对社区人的贡献现在还没有办法评估，可是最先进的观念我们已经给他了，可以接受这种观念的人，可以进驻在社区里面，他就可以为社区实现新的活化。他们可以参与社区，然后设定很多属于自己的目标跟理想，不强求与我们的一致，可是他的生活就已经全部落在这个社区，所以做社区没有分你我他，应该称为我们的。所以他已经融入我们社区了。每一个人的模式不一样，也有很多不一样的方法。"

"我另外一个新的想法是这样的，比如说这个是种菜的菜农，这个养鸡的鸡农，我做一个社区地图，这些农产品供应者可以把电话留下来。当游客来的时候，他想吃现摘的青菜，就去找菜农；他想吃现宰的土鸡，就可以很快找到养鸡的农户；社区这边有养鱼的，游客如果想垂钓，我可以带他去。这样只要求游客把钱付给农民就好了，即把社区的小农户整合起来。其实很多农民养鱼第一个是为了自己吃，如果能赚一点钱，他就可以对鱼塘做进一步维护。其他农业生产也是一样。我如果可以做一个社区地图，就是利用我现有的客户社群进行社区的产业再整合。整合的过程中，可以推广安心食品、有机种植，这样也可以帮助农民产生很多新的想法。就在土地不遭受污染破坏的前提下，实现那些一级产业的资源整合。这个想法只会让我自己也想要种菜（大笑），这是我未来要做的一件事情，即先从自己尝试种菜给人看，再吸引更多人的参与。"

对于未来，虽然不确定性诸多，但是邱富添心中最理想的发展方向是：中间这一代担负着使命感并得到老一辈的肯定，并可以让环境改变；下一代又可以传承、延续，延续的方式不是用重工业式的破坏，而是带着对社区的感情、对环境的友善，实现人与人之间的互助和分享。他始终以一种帮助与分享的态度来处理人与人之间的相处。

可喜的一点是，邱富添的儿子大学毕业后也回到了埔里，从经营民宿的一些基本帮工做起。他希望让儿子先去尝试，必须要不断地充实自己，学习很多新的东西。然后他会放手，让孩子去实现自己的想法。邱老板将培养儿子接班分为三个阶段：第一阶段是自己先做掌控，第二个阶段是陪伴，第三个阶段会与儿子合作，全数交予儿子经营后，他笑称自己将坐等分红。关于未来，邱富添已有了如下的想象：

"我未来希望将民宿交给儿子打理，而自己专职做导游，到处拍拍照。我做社区营造的很多想法可以延伸到社区生活的每一个点，我就有时间去找更多的点，去实现那个理想，所以我们这桃米第一代的社造者是所谓的点火人，我希望把想法落实之后，我要有时间再去想新的想法。我希望这样的空闲状态是固定，然后我又有经济支撑，让我来做后面的事情。我希望未来几年是这样。"

五　社区公基金的互惠制度

自 2001 年"桃米旅游接待中心"试运营以来，生态旅游观光产业为桃米村民带来收入和就业机会，这是震前村民们所难以想象的，随着收入和游客的增多，社区成员开始考虑建立一套资源分配与互惠制度。经过商讨和试行，2002 年底建立了"游客资源分配接待制度"和"社区公基金制度"。桃米村生态旅游观光产业主要有四个方面：导览、解说、民宿（农家乐）、餐饮，每一户人家难以在四个方面都涉及，"游客资源分配接待制度"的建立使得村民之间的互惠与利益分配机制制度化。而"社区公基金制度"使所有因社区生态旅游而获得的每一笔收入有了完善的回馈机制，成为社区公共事务运作与弱势团体照顾的经费来源，有效地落实了社区利益共享理念。通过这一社区公基金的运转机制，桃米生态村业已累积将近两百余万新台币的基金收入，社区生态旅游产业也给全村居民带来了每年近千万元新台币以上的经济效益。

"绩效回馈"是影响组织内部与组织间信任的要素，因而"互惠"对于行为者间彼此信任的维系深具影响。邱富添对此有所体会："社区互惠，不但要有合理的利益分配办法，更重要的是大家在产业上要有分工协作，互相支持；另外，社区回馈，首先就是要交'公基金'，因为这是由于社区发展而获益的；其次，出劳力服务社区，这两点是最基本的。假若做不到这两点，哪谈得上村里人一起来做事。如果说生意好的人不回馈社区，那生意不好的人要如何去服务社区？再者，如果社区的人都不回馈社区，那外人要如何去帮助你呢？"

桃米生态村目前最为重要的互惠机制是"游客资源分配接待制度"与"公基金制度"。如何没有这些互惠就会造成利益的纷争，进而引发更多的冲突，村民间的信任也就无从谈起了。因此公正的利益分配和互惠机制是维系成员间信任的重要因素，也是社区可持续发展的关键。

【我眼中的社区营造——邱富添】

其实社区营造很简单，我们从一个例子来说，社区营造就是从一个人的生活为起点，改变我们初期讲到的那种"利己不利人"；我觉得我必须要得到生存，那做社区营造之后，就到了第二个阶段，要"利人利己"，因为我已经得到支撑，所以我会想去影响别人，有点好处，能够生存下来；最后一个阶段可能是"利人不利己"，当我能够回馈和付出的时候，这种利益可以延伸性出去的时候，那才是对社会有意义的。社区营造，我觉得其实是改变人对环境、对生命的尊重，还有人跟人之间的连接，进而产生一种文化的传承延续性。社区营造太多面向了，所以说我们一般做生态旅游，我们只谈生态融入生活，但经济可以得以永续经营。社区营造是改变人的，在社区里面得到很好的想法跟观念，还有新的生活模式，得到一个不像以前那种没有人情味的新的生活环境。所以说社区营造也没有什么深奥的，是合作、分享、帮助的一种行为和付出，同时还有回馈。

【我眼中的社区营造——彭国栋】

关于社区营造，作为每一个专家学者来讲都是理论比实务参与的多，这16年来，以桃米的立场来说我帮他们很多，贡献很大，其实我自己也是每天都不断在进步、在成长、在学习。这是很重要的，这些东西都不是我们学校里面，不是我们前半辈子的从业生涯里面学过的，任何专家学者都不如进入社区里亲自操作。那种体验是会打开新的认知视角的，不管是物种的、生态的、人的营造，或是整个社区观念的沟通技巧。一想到十年前的初创期，我自己都不知道这十年是怎么度过来的，实际上你想以后怎么做也不知道，但是在不同的阶段人家也都接受了我，所以最大的收获是成长。

【送给返乡青年的话——邱富添】

如果要回到家乡去做社造，第一个你要下很大的决心，一般的年轻人下不了这样的决心可能就没有办法了；另外要考虑到你回到乡下的时候，必须要用几年的时间面对收入经济不稳定，你必须要能够承受这样的一个方式。在社区营造工作的面向里，最近我们社区也在谈立体产业跟生态旅游是结合的，那么返乡的年轻人也可以用这样的方式，融入所在社区里的民宿、解说或其他农产品创新中，让自己的新想法植入在社区产业里，可以将理想操作化，我希望是这样的。

陈统奎，2010，《台湾桃米社区的重建启示》，《南风窗》，第 1 期。

冷尚书，2009，《战士与侠的自我＼文本——社会运动存有论的一种初步尝试》，台湾清华大学硕士研究生论文。

廖嘉展，1995，《老镇新生》，远流出版社。

廖嘉展，2012，《揉转效应：新故乡文教基金会迈向社会企业的经验研究》，台湾暨南国际大学硕士研究生论文。

罗家德，李智超，2012，《乡村社区自组织治理的信任机制初探》，《管理世界》第 10 期。

苏昭英，蔡季勋主编，1999，《台湾社区总体营造的轨迹》，台湾"文化建设委员会"。

新故乡文教基金会，2005，《台湾生态社区的故事》，新故乡文教基金会。

曾旭正，2014，《台湾的社区营造》，远足文化。

新港文化教育基金会　http://www.hkfce.org.tw/

新故乡文教基金会　http://www.homeland.org.tw

桃米生态村　http://paperdome.homeland.org.tw/taomi/

新故乡见学园区　http://paperdome.homeland.org.tw/

全民社造行动计划（社区一家网站）　http://www.taiwan4718.tw

台湾社造联盟　http://47go.org.tw/

清水沟工作站　http://www.lukutea.com.tw/luku2/

问茶坊　http://www.lukutea.com.tw/

台大建筑与城乡研究发展基金会宜兰工作室　http://www.ntu-bprf.org/category/studio/1/

乡愁经济媒体社之"社造来了"板块　微信公众号　urbaneer_xcjj

清华大学社会科学学院信义社区营造研究中心

微信公众号 thucrrc

图书在版编目(CIP)数据

谈谈社区营造.上 / 朱蔚怡，侯新渠编著. —北京：社会科学
文献出版社，2015.12（2023.10重印）
（社区营造书系）
ISBN 978-7-5097-8360-3

Ⅰ.①谈… Ⅱ.①朱… ②侯… Ⅲ.①社区管理 Ⅳ.①C916

中国版本图书馆CIP数据核字（2015）第268870号

·社区营造书系·

谈谈社区营造（上）

编　　著 / 朱蔚怡　侯新渠

出 版 人 / 冀祥德
项目统筹 / 童根兴　孙　瑜
责任编辑 / 孙　瑜　刘德顺
责任印制 / 王京美

出　　版 / 社会科学文献出版社 · 群学出版分社（010）59367002
　　　　　地址：北京市北三环中路甲29号院华龙大厦　邮编：100029
　　　　　网址：www.ssap.com.cn
发　　行 / 社会科学文献出版社（010）59367028
印　　装 / 北京虎彩文化传播有限公司

规　　格 / 开　本：787mm×1092mm 1/16
　　　　　印　张：12.25　字　数：120千字
版　　次 / 2015年12月第1版　2023年10月第3次印刷
书　　号 / ISBN 978-7-5097-8360-3
定　　价 / 45.00元

读者服务电话：4008918866